Windows 10으로 떠나는
신기한 컴퓨터 나라 1

발 행 일 ｜ 2017년 7월 28일 (1판 1쇄)

개 정 일 ｜ 2019년 3월 13일 (2판 2쇄)

I S B N ｜ 978-89-8455-902-8 (13000)

정　　가 ｜ 10,000원

발 행 처 ｜ (주)아카데미소프트

발 행 인 ｜ 유성천

주　　소 ｜ 경기도 파주시 정문로 588번길 24

대표전화 ｜ 02)3463-5000

대표팩스 ｜ 02)3463-0400

홈페이지 ｜ www.academysoft.co.kr

타자 연습의 타자수 및 정확도를 적어보세요.

오늘 타이핑한 타수와 정확도를 적어 자신의 실력이 얼마나 향상되고 있는지 확인하고 친구들과 비교해보세요.

구분	날짜		타자수	정확도	확인란
1	월	일			
2	월	일			
3	월	일			
4	월	일			
5	월	일			
6	월	일			
7	월	일			
8	월	일			
9	월	일			
10	월	일			
11	월	일			
12	월	일			

구분	날짜		타자수	정확도	확인란
13	월	일			
14	월	일			
15	월	일			
16	월	일			
17	월	일			
18	월	일			
19	월	일			
20	월	일			
21	월	일			
22	월	일			
23	월	일			
24	월	일			

▶ 컴퓨터 및 Windows 10에 관련된 다양한 기능들을 학습할 수 있도록 구성하였습니다.

완성작품 미리보기 다 함께 읽어봅시다.

각 차시별로 배울 내용에 대한 간단한 기능 설명과 함께 완성된 이미지를 보여 줍니다.

쉽게 따라하기

각 차시에서 배울 내용을 재미있는 예제를 통해 쉽게 따라하며 배울 수 있습니다.

혼자서 뚝딱뚝딱!

각 차시가 끝나면 앞에서 배운 내용을 응용하여 복습하거나 본문 내용에 넣지 못했 던 주요 내용을 학습합니다.

목차 CONTENTS

01 컴퓨터와 친구되기

완성 작품 미리보기

📁 불러올 파일 : 없음　📗 완성된 파일 : 없음

▶ [한컴 타자연습] 앱으로 '자리연습 1단계'를 연습해 봅시다.

▶ 컴퓨터의 구성 장치를 확인해 봅시다.

▶ 컴퓨터를 켠 후 종료해 봅시다.

[소스 파일]–[키보드 송]–[01_키보드 송(자리연습 1단계)]를 더블 클릭하여 노래를 불러봅니다.

※ 키보드 송은 플래시 파일(swf)이기 때문에 '곰 플레이어'를 이용하여 실행하시기 바랍니다.

오늘의 타자 연습　　자리연습 1단계

[한컴 타자연습] 앱을 실행한 후 [자리연습]–[1단계]를 연습합니다.

※ [한컴 타자연습] 앱의 실행 방법은 다음 페이지 Tip을 참고하세요.

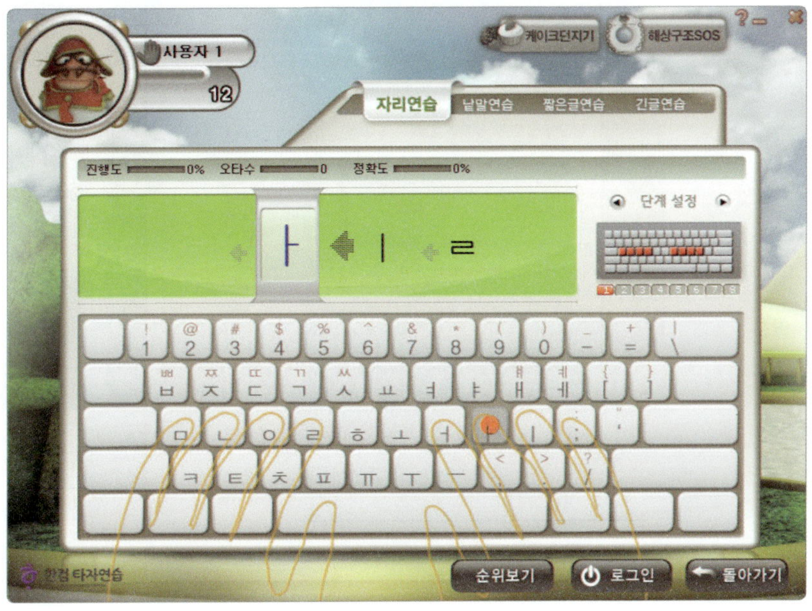

[한컴 타자연습] 앱을 시작 메뉴에 고정시키기

[한컴 타자연습] 앱은 수업시간마다 계속 사용하는 앱이기 때문에 시작 메뉴에 고정시켜 놓으면 쉽고 빠르게 실행할 수 있습니다.

❶ [시작] 단추(⊞)를 클릭한 후 [한글과컴퓨터]–[한컴 타자연습] 앱 위에서 마우스 오른쪽 버튼을 눌러 [시작 화면에 고정]을 선택합니다.

❷ [시작] 화면에 고정된 [한컴 타자연습] 앱을 클릭하여 실행합니다.

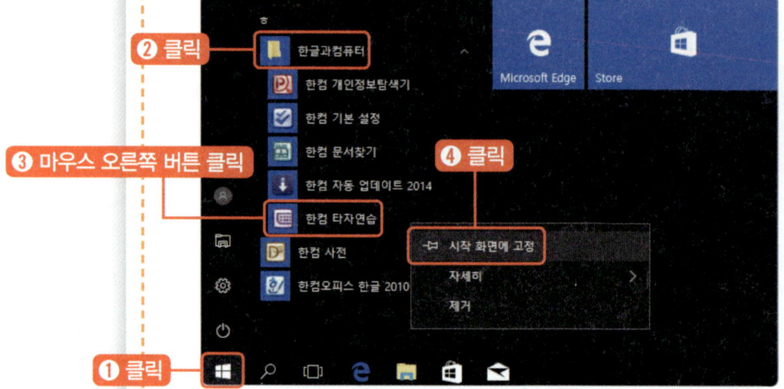

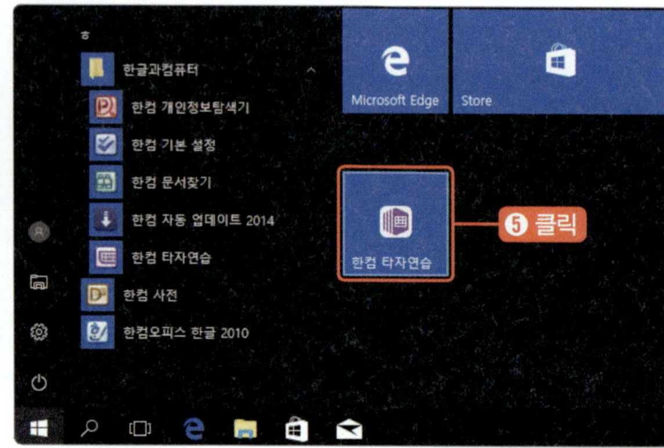

❸ [한컴 타자연습]이 실행되면 〈혼자하기〉–〈시작〉을 클릭하여 연습합니다.

❹ 타자 연습이 실행되면 원하는 단계를 선택한 후 〈시작〉을 클릭하여 연습합니다.

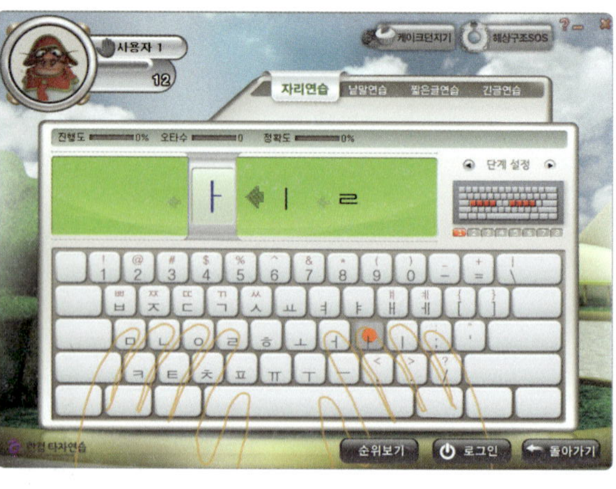

1 컴퓨터의 구성 장치를 확인해 봅시다.

❶ 컴퓨터의 '본체, 모니터, 키보드, 마우스, 스피커, 프린터, 스캐너'를 확인합니다.

❷ 컴퓨터 구성 장치의 이름을 해당하는 장치의 그림으로 선을 긋습니다.

2 컴퓨터를 켠 후 종료해 봅시다.

❶ 컴퓨터의 '전원 버튼'을 누른 후 모니터의 '전원 버튼'을 누릅니다.

❷ 컴퓨터가 켜지면 [시작] 단추(■)를 클릭한 후 '전원(⏻)'을 누릅니다. 3가지 전원 메뉴가
나오면 [시스템 종료]를 클릭합니다.

Tip

전원(⏻) 메뉴

❶ **절전** : 사용자가 작업하고 있던 환경 그대로를 보존한 상태에서 주변 장치의 전원을 끄며, 키보드 또는 마우스를
조작하면 다시 켜집니다.

❷ **시스템 종료** : 실행 중인 앱을 모두 닫고 컴퓨터를 종료합니다.

❸ **다시 시작** : 실행 중인 앱을 모두 닫고 컴퓨터를 다시 시작합니다.

CHAPTER 01

혼자서 뚝딱 뚝딱!

뚝딱 1 그림 속에 숨어 있는 컴퓨터의 구성 요소를 찾아 표시해 봅시다.

📁 불러올 파일 : 없음　💾 완성된 파일 : 없음

▶ 숨은 그림 찾기 : 모니터, 본체, 마우스, 키보드, 프린터, 스피커

뚝딱 2 빈 칸에 컴퓨터 구성 장치의 이름을 적어봅시다.

📁 불러올 파일 : 없음　💾 완성된 파일 : 없음

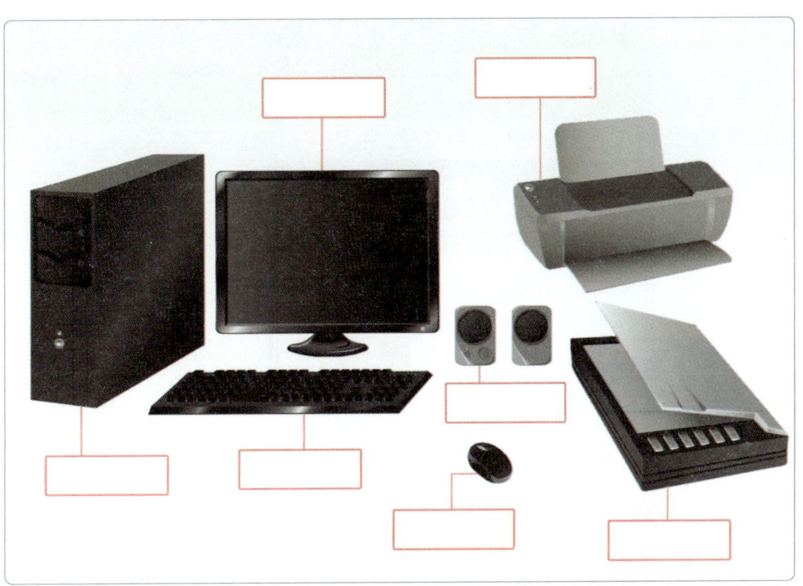

02 마우스를 잡아라!

완성 작품 미리보기

📁 불러올 파일 : 클릭연습1, 드래그연습1　📗 완성된 파일 : 없음

▶ [한컴 타자연습] 앱으로 '낱말연습 1단계'를 연습합니다.

▶ 마우스 사용 방법을 배워 봅시다.

▶ 두더지 잡기 게임으로 클릭을 연습하고, 도형 그리기로 드래그를 연습해 봅시다.

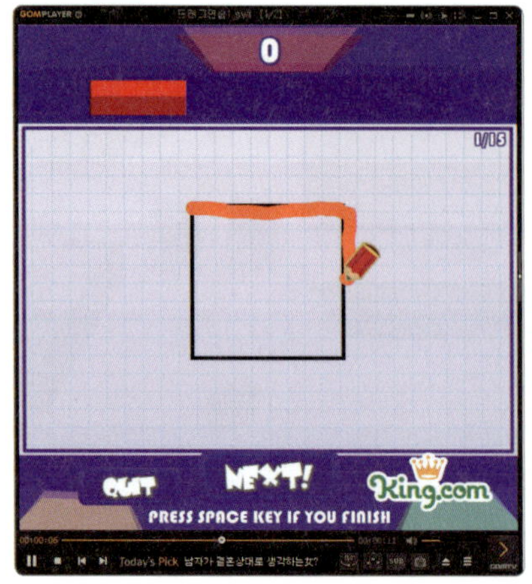

[소스 파일]-[키보드 송]-[02_키보드 송(낱말연습 1단계)]를 더블 클릭하여 노래를 불러봅니다.

오늘의 타자 연습   낱말연습 1단계

[한컴 타자연습] 앱을 실행한 후 [낱말연습]-[1단계]를 연습합니다.

❶ **마우스 잡는 방법** : 마우스를 감싼 손이 'V' 모양이 되도록 만들고 '마우스 왼쪽 버튼' 위에 **검지**를, '마우스 오른쪽 버튼' 위에 **중지**를 올려놓습니다. '마우스 왼쪽 면'에 **엄지**를, '마우스 오른쪽 면'에 **약지와 새끼손가락**을 댑니다.

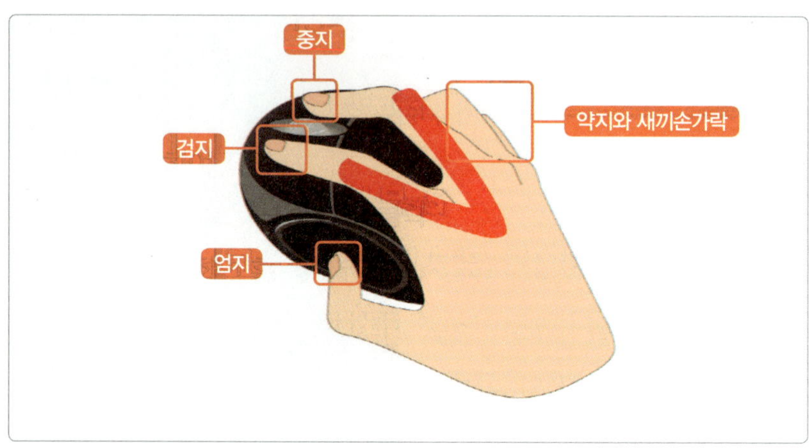

▲ 마우스 잡는 방법

❷ **클릭 하는 방법** : 검지를 이용하여 마우스 왼쪽 단추를 누릅니다.

❸ **더블클릭 하는 방법** : 검지를 이용하여 마우스 왼쪽 단추를 빠르게 두 번 누릅니다.

❹ **드래그 하는 방법** : 검지로 마우스 왼쪽 단추를 누른 채 이동할 위치로 마우스를 움직입니다.

❺ **휠 굴리는 방법** : 검지로 마우스 휠을 위아래로 굴려서 화면을 위아래로 이동시킵니다

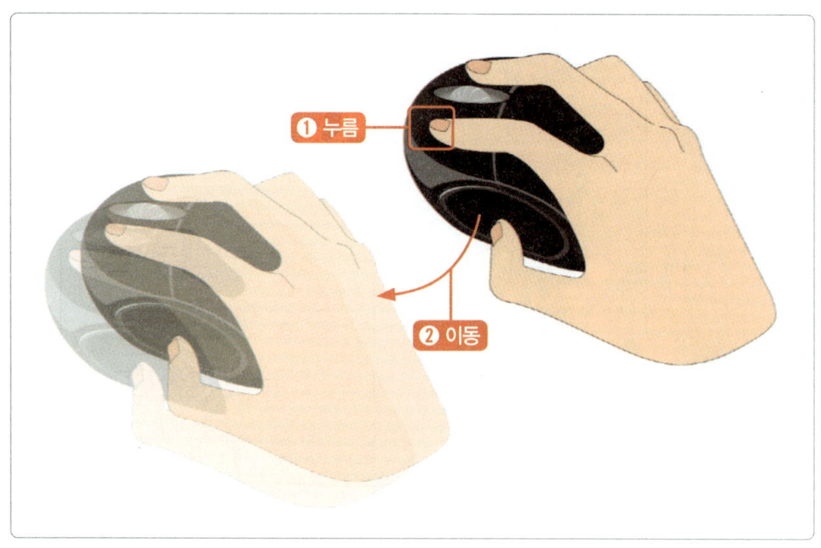

▲ 드래그 방법   ▲ 휠 굴리는 방법

❶ 작업 표시줄에서 [파일 탐색기] 아이콘(📁)을 클릭합니다.

❷ [파일 탐색기]가 실행되면 [소스 파일]−[불러올 파일]−[마우스 연습] 폴더에서 **클릭연습1**을 더블클릭하여 실행합니다.

❸ [보안 경고] 창이 나오면 〈실행〉을 클릭합니다.

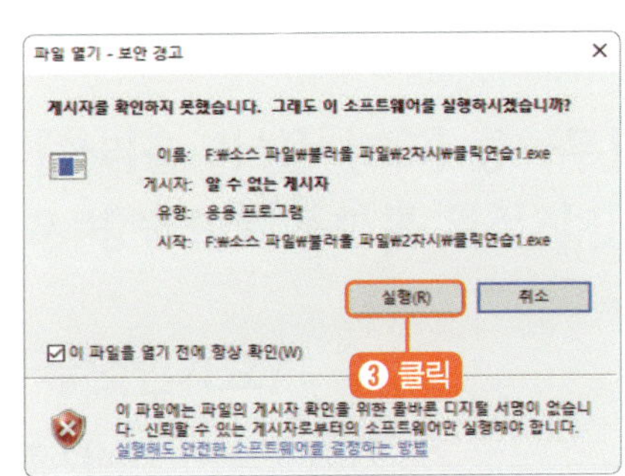

❹ 두더지 잡기 게임이 실행되면 〈Play〉를 클릭합니다.

❺ 두더지가 올라오면 마우스 왼쪽 버튼을 클릭하여 망치로 때립니다.

❻ 두더지 잡기 연습이 끝나면 〈닫기(　×　)〉를 클릭하여 종료합니다.

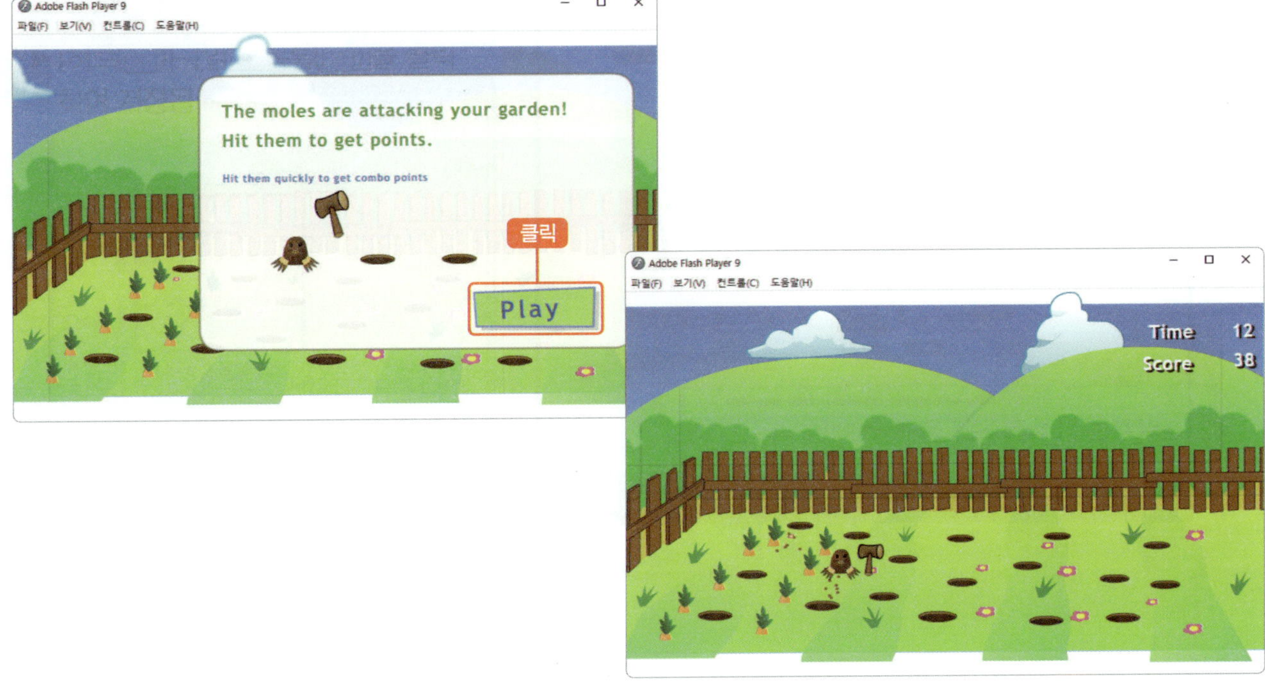

❶ 작업 표시줄에서 [파일 탐색기] 아이콘()을 클릭합니다.

❷ [파일 탐색기]가 실행되면 [소스 파일]−[불러올 파일]−[마우스 연습] 폴더에서 **드래그연습1**을 더블클릭하여 실행합니다.

※ 드래그연습1(도형그리기)을 실행하기 위해서는 '곰 플레이어'가 설치되어 있어야 합니다.

❸ 도형 그리기 게임이 실행되면 〈Play〉−〈Play〉−〈BASIC〉을 차례대로 클릭합니다.

❹ 도형 이미지가 나오면 마우스 왼쪽 버튼을 누른 채 검은색 선을 따라 똑같이 도형 모양을 그립니다.

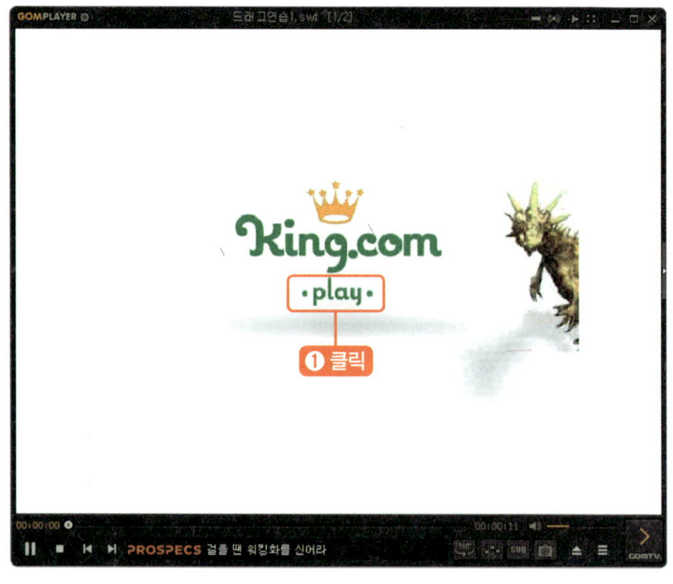

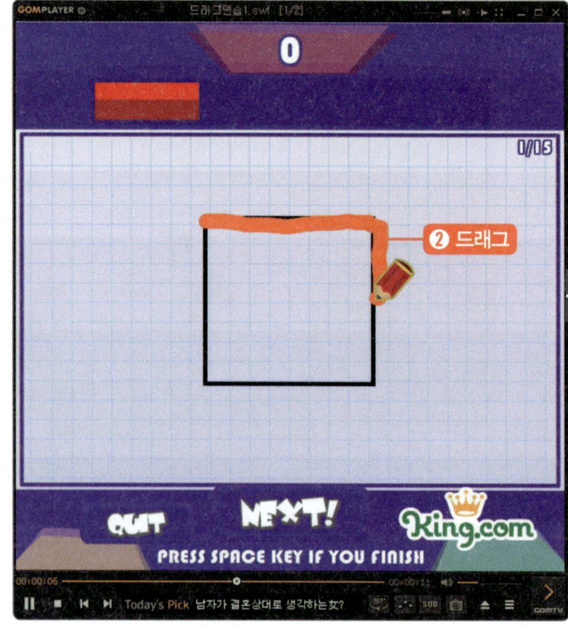

CHAPTER 02

혼자서 뚝딱 뚝딱!

뚝딱 1 숨은 그림 찾기를 이용하여 마우스 클릭을 연습해 봅시다.

📁 불러올 파일 : 클릭연습2　　💾 완성된 파일 : 없음

① '클릭연습2'를 더블클릭하여 실행한 후 〈Play〉를 클릭

② 숨은 그림 찾기 실행 : 'Next' 클릭 → 'Next' 클릭 → 'Next' 클릭 → 'Play'를 클릭합니다.

③ 화면 위쪽의 이미지를 참고하여 숨은 그림을 찾아서 마우스로 클릭합니다.

뚝딱 2 드래그 연습을 실행하여 드래그를 연습해 봅시다.

📁 예제파일 : 드래그연습2　　💾 완성파일 : 없음

① '드래그연습2'를 더블클릭하여 실행한 후 〈START〉를 클릭

② 음식 자르기 실행 : 'NEW GAME' 클릭 → 'STAGE ONE' 클릭 → 'START HERE' 클릭

③ 음식이 나오면 마우스를 좌우로 움직여 음식을 자릅니다.

※음식 자르기 게임을 실행하기 위해서는 '곰 플레이어'가 설치되어 있어야 합니다.

출발 윈도우 10

완성 작품 미리보기

📂 불러올 파일 : 없음　📄 완성된 파일 : 없음

▶ [한컴 타자연습] 앱으로 '자리연습 2단계'를 연습합니다.

▶ 윈도우 10의 바탕화면 및 시작메뉴에 대해 알아봅시다.

▶ [계산기] 앱을 실행하여 지금까지 살아온 날의 수를 계산해 봅시다.

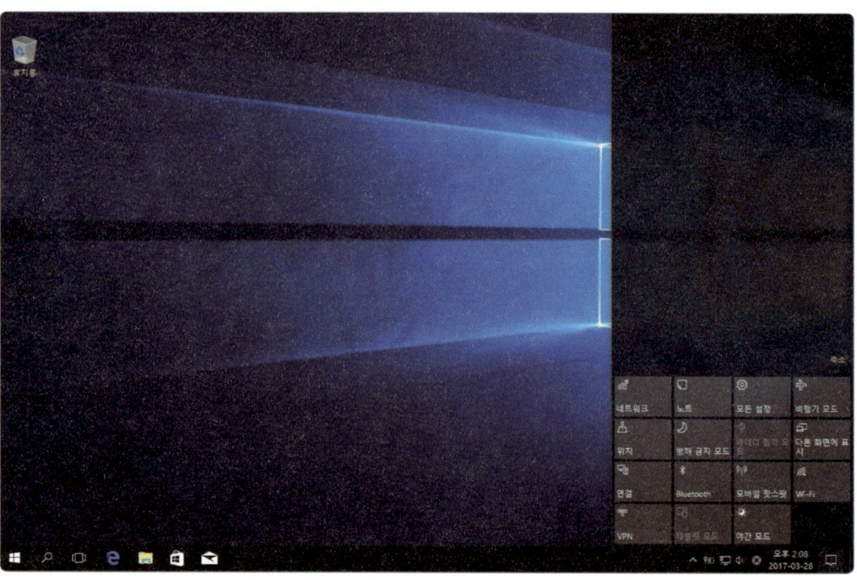

[소스 파일]–[키보드 송]–[03_키보드 송(자리연습 2단계)]를 더블 클릭하여 노래를 불러봅니다.

[한컴 타자연습] 앱을 실행한 후 [자리연습]–[2단계]를 연습합니다.

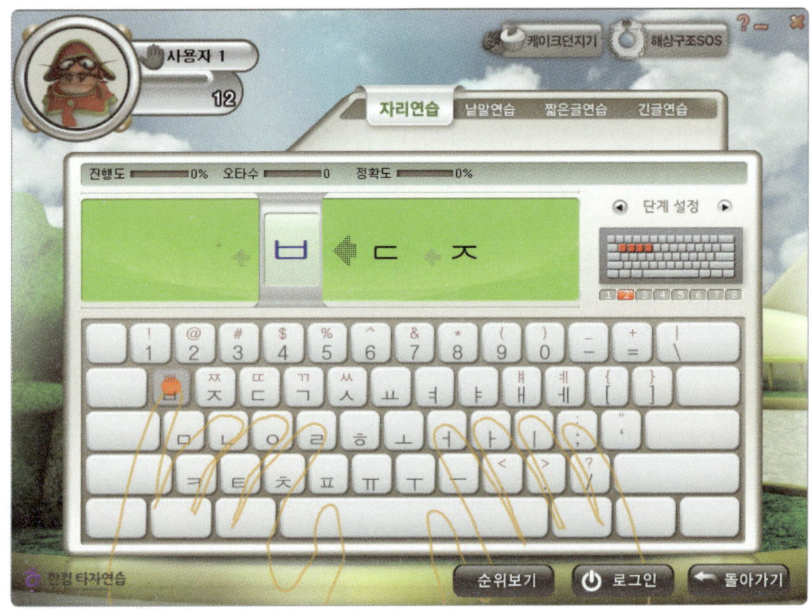

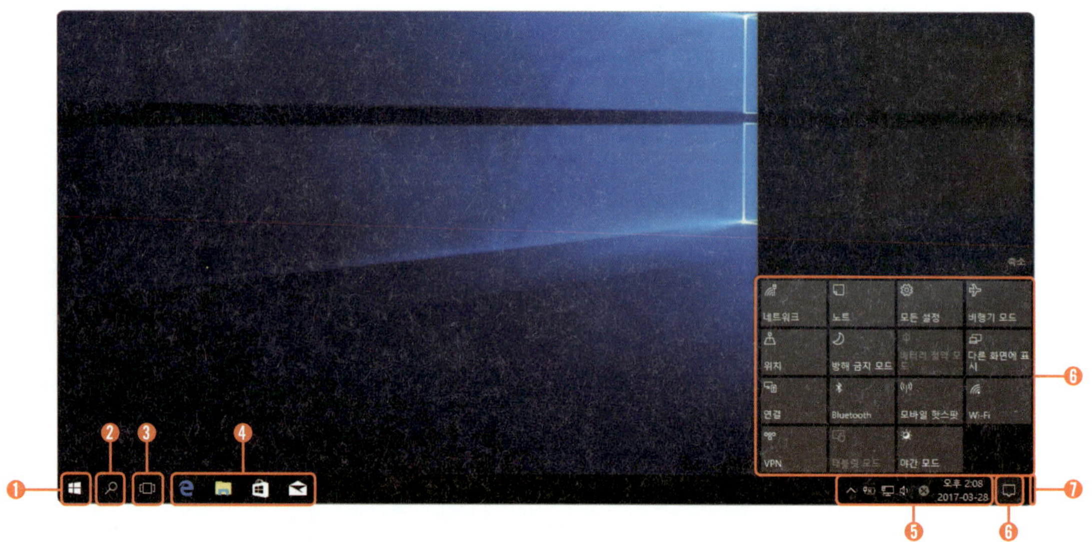

❶ [시작] 메뉴 : 설치된 앱을 확인 및 실행할 수 있습니다.

❷ Windows 검색 : 현재 컴퓨터에 설치된 앱 또는 파일 등을 검색할 수 있으며, 인터넷 주소를 입력하면 바로 해당 웹 페이지가 열립니다.

❸ 작업 보기 : 현재 작업 중인 앱을 한 눈에 볼 수 있으며, 새 데스크톱을 추가하여 새로운 환경에서 작업할 수 있습니다.

❹ 앱 아이콘 : 빠른 실행 앱 아이콘과 현재 실행 중인 앱들의 아아콘이 표시됩니다.

❺ 시스템 아이콘 : 현재 시스템의 여러 가지 상태(시계, 볼륨, 네트워크 등)를 아이콘으로 표시합니다.

❻ 알림 센터 : 자주 사용하는 설정(네트워크, 야간모드 등) 사항들을 관리할 수 있으며, 윈도우 업데이트 및 다양한 사항(메일, 일정, 경고 등)을 별도의 실행 없이 바로 바로 확인할 수 있습니다.
※ 〈축소〉를 클릭하면 설정 항목의 개수를 줄일 수 있으며, 〈확장〉을 클릭하면 전체 설정 항목의 개수가 나타납니다.

❼ 바탕 화면 보기 : [바탕 화면 보기] 단추(┃)를 클릭하면 열려 있던 모든 앱들이 최소화되면서 바탕 화면이 바로 나타납니다.

> **Tip**　**작업 표시줄**
>
> 윈도우10 화면 아래쪽에 위치한 표시줄로 현재 실행 중인 앱들이 표시되며, 윈도우 10의 다양한 설정(검색, 작업 보기, 시스템 아이콘, 알림 센터 등)이 포함되어 있습니다.

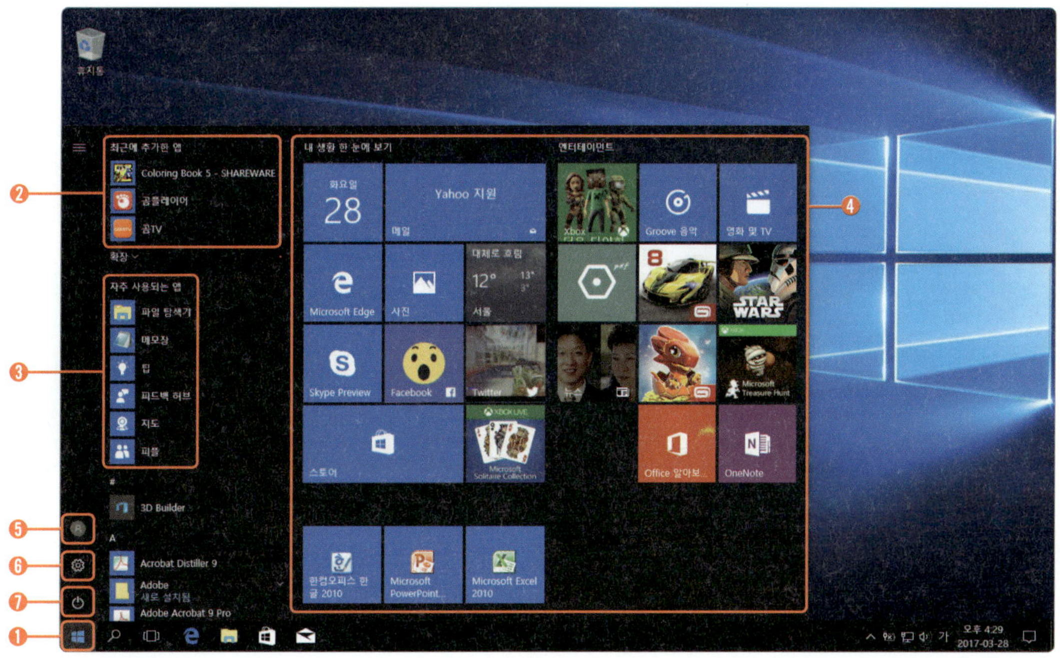

❶ [시작] 단추(▦)를 클릭합니다.

❷ 최근에 추가한 앱 : 최근에 설치한 앱 목록이 표시됩니다.

❸ 자주 사용되는 앱 : 자주 실행한 앱들의 목록이 표시됩니다.

❹ 라이브 앱 타일 : 윈도우10에서 기본적으로 제공하는 라이브 앱들을 확인할 수 있으며, 사용자가 자주 사용하는 앱을 시작 화면에 고정시킬 수도 있습니다.

❺ 사용자 계정 : 현재 로그인된 사용자 계정의 이름과 사진이 표시됩니다. 해당 아이콘을 클릭하면 '계정 설정 변경, 잠금, 로그아웃' 등이 표시됩니다.

❻ 설정 : 현재 시스템의 여러 가지 사항을 설정할 수 있는 [Windows 설정]이 실행됩니다.

❼ 전원 : 시스템을 끄거나 다시 시작할 수 있습니다. 전원을 클릭하면 '절전, 시스템 종료, 다시 시작' 등이 표시됩니다.

Tip

[시작] 메뉴 세부 설정 및 [시작] 메뉴에 표시할 폴더 선택

[시작] 메뉴에서 설정(⚙)을 클릭한 후 [Windows 설정] 창이 나오면 [개인 설정]을 클릭합니다. [개인 설정]이 활성화되면 [시작]을 클릭하여 [시작] 메뉴에 표시되는 항목을 설정할 수 있으며, [시작 메뉴에 표시할 폴더 선택]을 클릭하면 '파일 탐색기, 설정, 문서, 다운로드'등을 [시작] 메뉴에 표시할 수 있습니다.

❶ [시작] 단추(⊞)를 클릭한 후 [계산기] 앱을 선택합니다.

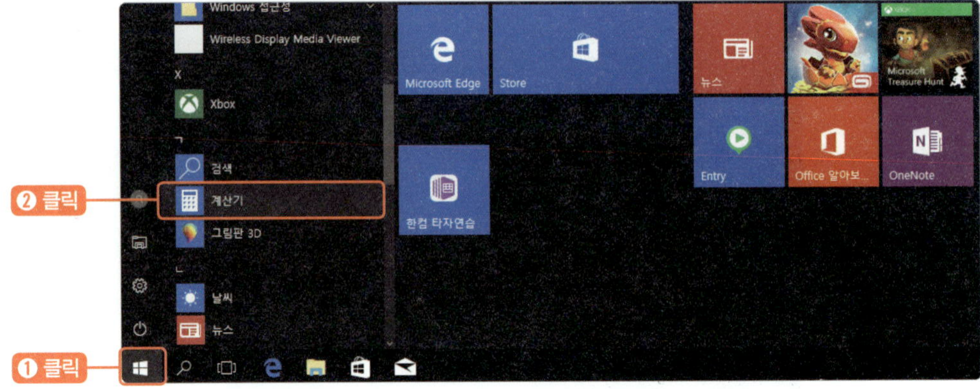

❷ [계산기] 앱이 실행되면 '☰'을 클릭하여 [날짜 계산]을 선택합니다.

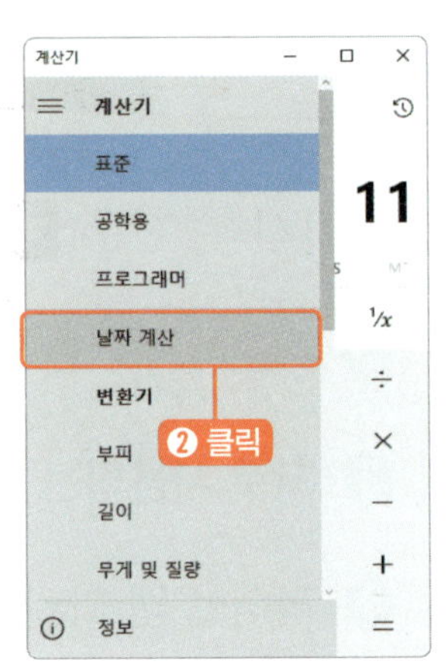

❸ 날짜 계산으로 화면이 전환되면 **날짜 간 차이**로 설정된 상태에서 '부터' 항목에 여러분이 태어난 생년월일을 입력한 후 '차이' 항목에서 지금까지 살아온 날의 수를 확인합니다.

※ '까지' 항목은 기본적으로 오늘 날짜가 입력되어 있습니다.

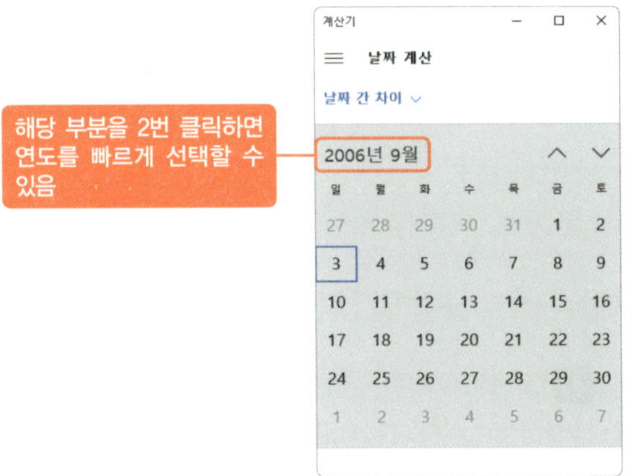

뚝딱 1 윈도우10 바탕 화면의 구성요소 명칭을 적어 봅시다.

📁 불러올 파일 : 없음　💾 완성된 파일 : 없음

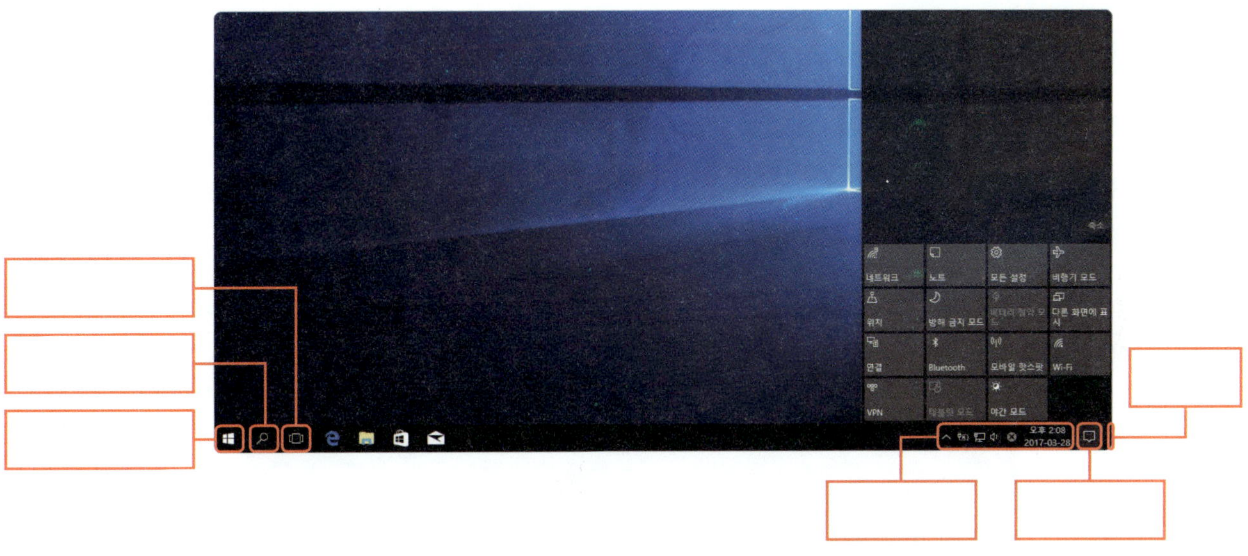

뚝딱 2 [계산기] 앱을 실행하여 길이의 단위를 변환한 후 값을 적어봅시다.

📁 불러올 파일 : 없음　💾 완성된 파일 : 없음

① 10센티미터는 몇 밀리미터 입니까?

② 1킬로미터를 몇 미터 입니까?

③ 10야드는 몇 미터 입니까?

④ 100마일은 몇 킬로미터 입니까?

앱 실행 방법 및 시작 화면에 앱 고정하기

완성 작품 미리보기

📁 불러올 파일 : 없음　💾 완성된 파일 : 없음

▶ [한컴 타자연습] 앱으로 '낱말연습 2단계'를 연습합니다.

▶ 다양한 방법으로 앱을 실행해 봅시다.

▶ 시작 화면에 자주 사용하는 앱을 고정시켜 봅시다.

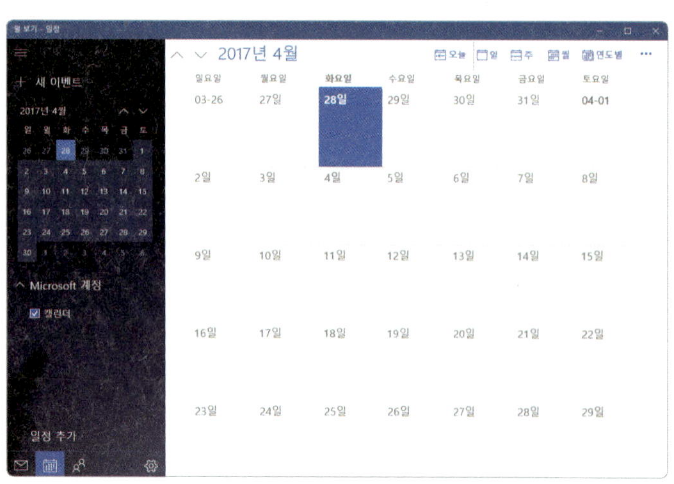

[소스 파일]–[키보드 송]–[04_키보드 송(낱말연습 2단계)]를 더블 클릭하여 노래를 불러봅니다.

오늘의 타자 연습   낱말연습 2단계

[한컴 타자연습] 앱을 실행한 후 [낱말연습]–[2단계]를 연습합니다.

다양한 방법으로 앱을 실행해 봅시다.

❶ _ 앱 실행 방법 1 : [시작] 단추(■)를 클릭한 후 **앱 타일**에서 [일정] 앱을 선택합니다. [일정] 앱이 실행되면 간단하게 확인한 후 〈닫기(×)〉를 클릭합니다.

※ 시스템 환경에 따라서 앱 타일에 [일정] 앱이 없을 수도 있습니다. 만약 없을 경우에는 [메일], [날씨] 앱 등을 클릭합니다.

❷ _ 앱 실행 방법 2 : [시작] 단추(■)를 클릭한 후 스크롤바를 아래쪽으로 내려서 [Windows 보조프로그램] – [메모장]을 선택합니다. [메모장] 앱이 실행되면 간단하게 확인한 후 〈닫기 (×)〉를 클릭합니다.

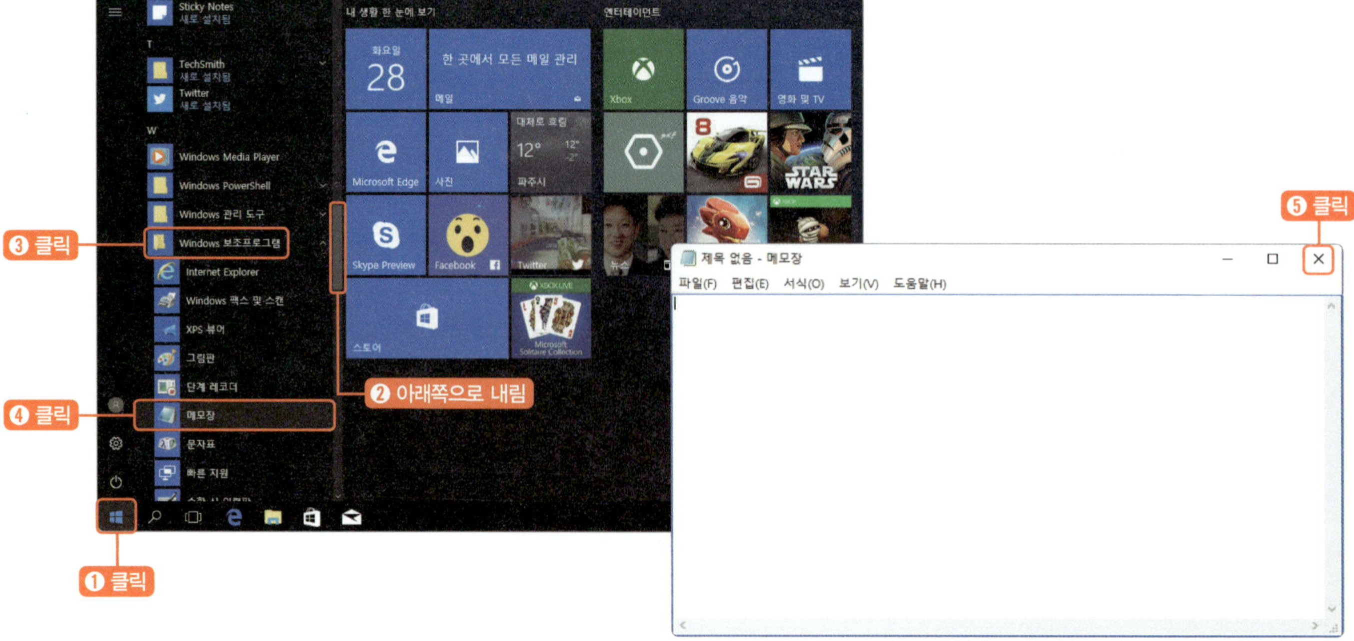

❸ 앱 실행 방법 3 : [Windows 검색(🔍)]을 클릭한 후 Windows **검색 칸**에 '계산기'를 입력합니다. 해당 앱이 검색되면 [계산기] 앱을 클릭하여 실행한 후 〈닫기(×)〉를 클릭합니다.

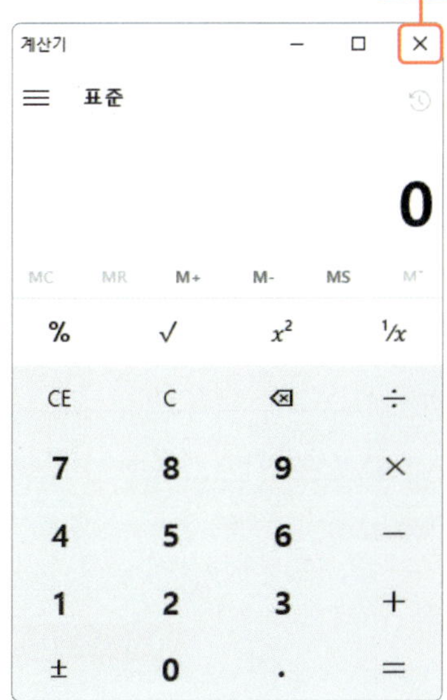

❹ 앱 실행 방법 4 : [시작] 단추(⊞)를 클릭한 후 전체 앱 목록 중에서 '알파벳' 또는 '한글 자음'을 선택합니다. 알파벳 및 한글 자음 목록이 나오면 찾으려는 **앱 제목의 첫 글자 부분**을 클릭합니다.

※ 한글 프로그램을 찾고 싶다면 목록 중에서 'ㅎ' 글자를 클릭하면 [시작] 메뉴에 바로 표시됩니다.

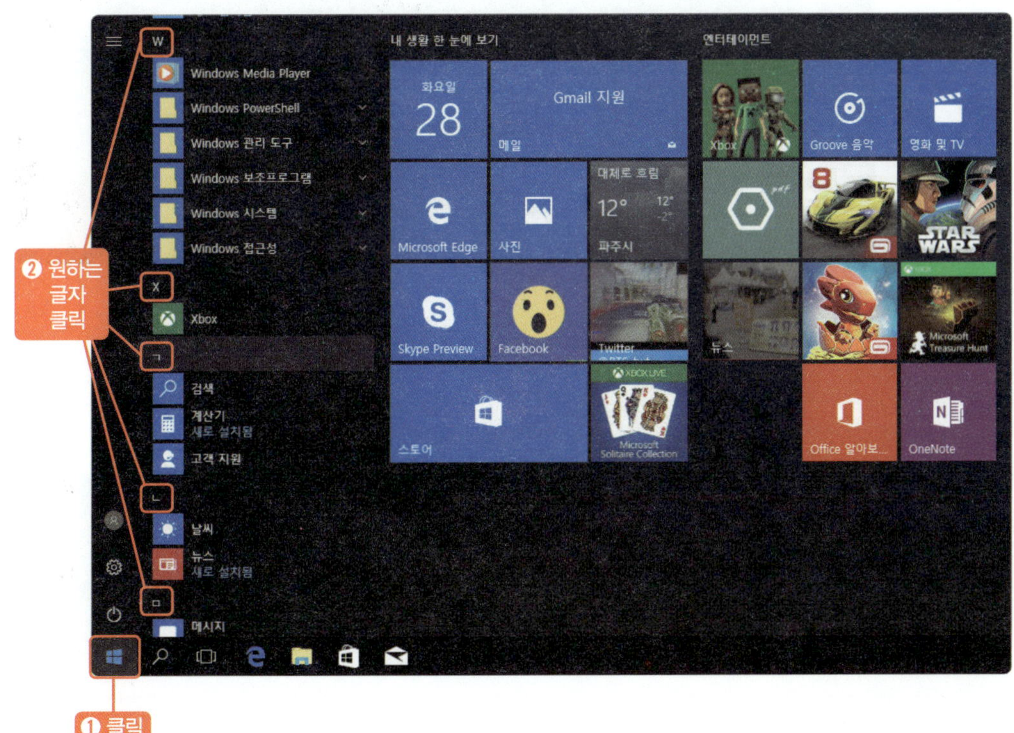

2 시작 화면에 자주 사용하는 앱을 고정시켜 봅시다.

❶ [시작] 단추(▦)를 클릭한 후 시작 화면에 고정할 앱 위에서 마우스 오른쪽 버튼을 눌러 **[시작 화면에 고정]**을 클릭합니다.

※ 앱을 오른쪽 타일로 끌어다 놓아도 고정시킬 수 있습니다.

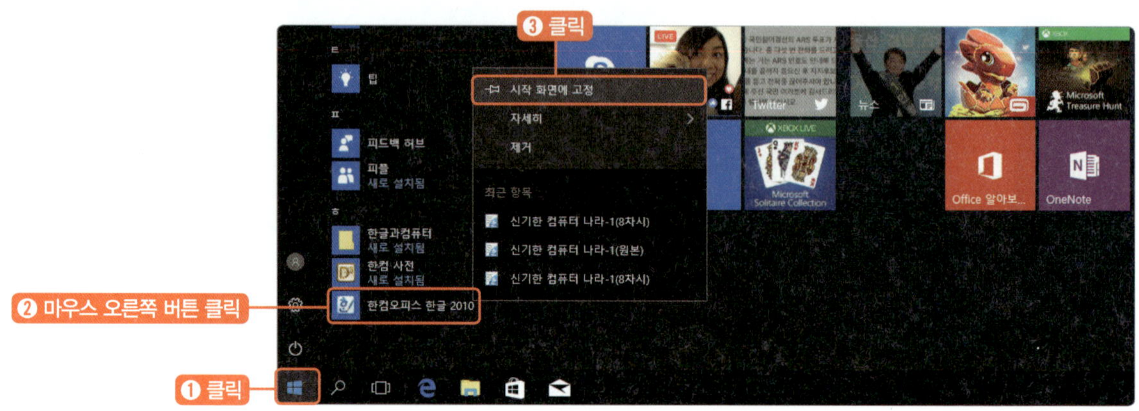

❷ 선택한 앱이 고정되면 똑같은 방법으로 2~3개 정도 앱을 시작 화면에 고정시킵니다.

※ 앱의 종류는 교재와 달라도 상관없습니다.

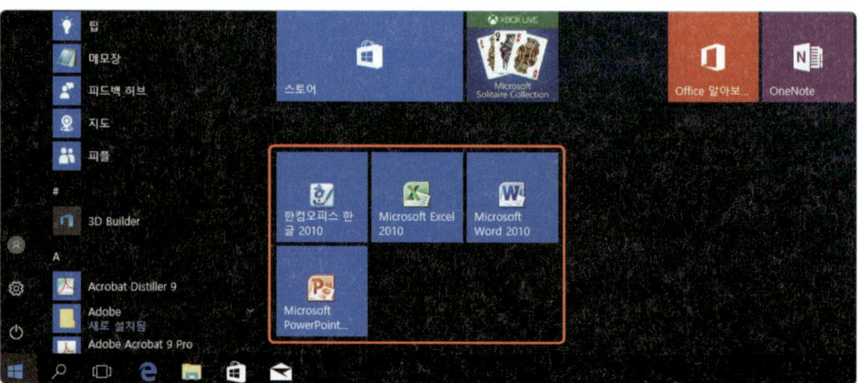

> ### Tip
>
> **시작 화면에서 앱 제거**
>
> 시작 화면에서 제거할 앱 위에서 마우스 오른쪽 버튼을 눌러 [시작 화면에서 제거]를 클릭합니다.
>
> 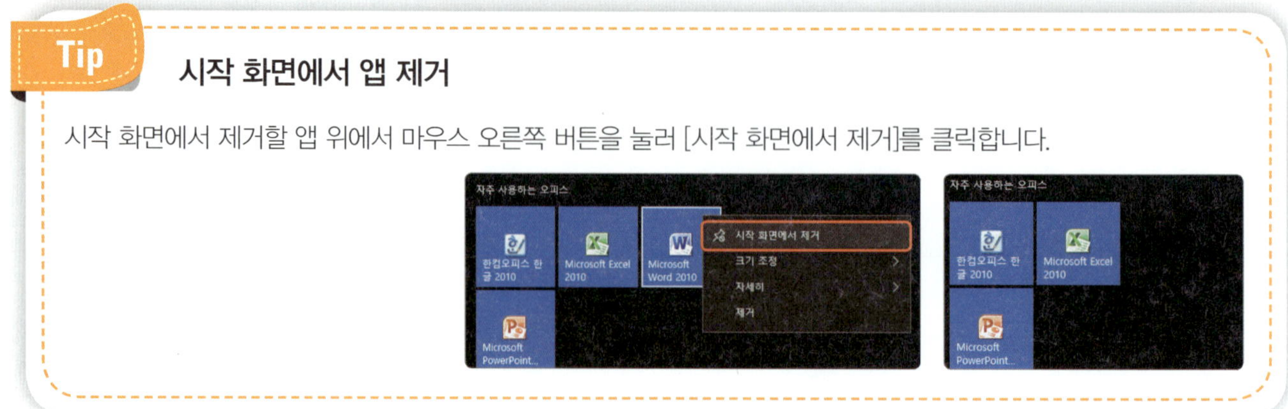
>

[시작] 메뉴에서 [알람 및 시계] 앱을 찾아서 실행합니다. 이어서 'Windows 검색' 칸을 이용하여 [그림판] 앱을 실행합니다.

📂 불러올 파일 : 없음　💾 완성된 파일 : 없음

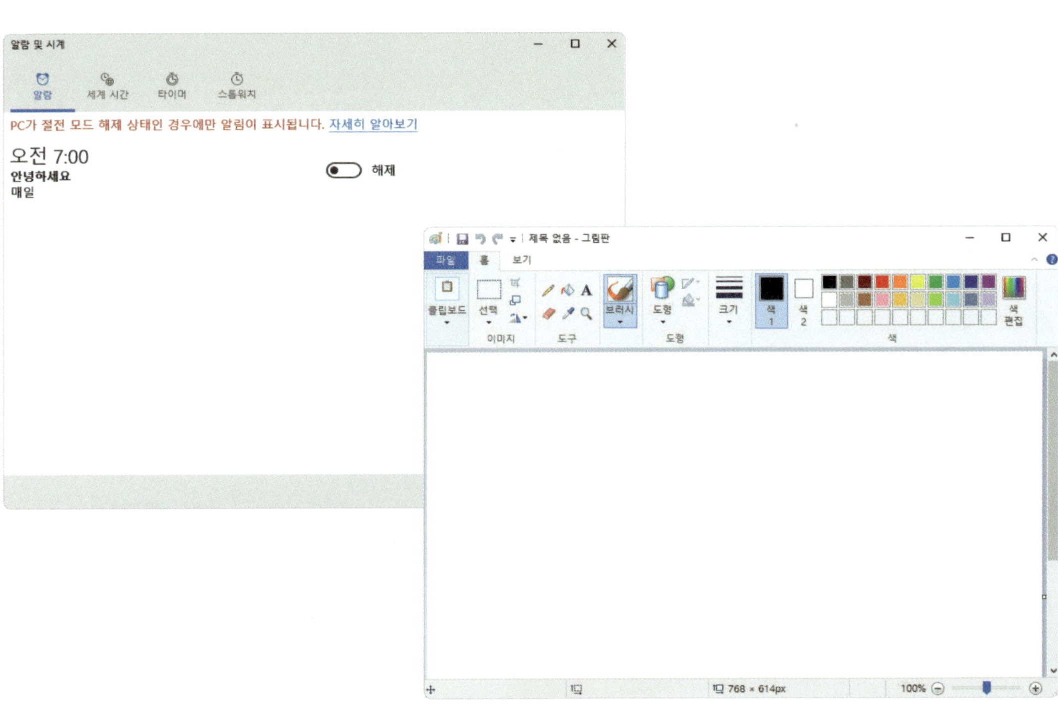

시작 화면에 고정된 앱들을 하나의 그룹으로 묶어 봅시다.

📂 불러올 파일 : 없음　💾 완성된 파일 : 없음

① 시작 화면에 고정된 앱 위쪽의 '그룹 이름 지정'을 클릭합니다.

② 그룹 이름이 활성화되면 원하는 그룹명을 입력합니다.

※ 그룹 이름이 지정된 곳을 클릭한 후 ⊠ 를 누르면 새롭게 그룹명을 입력할 수 있습니다.

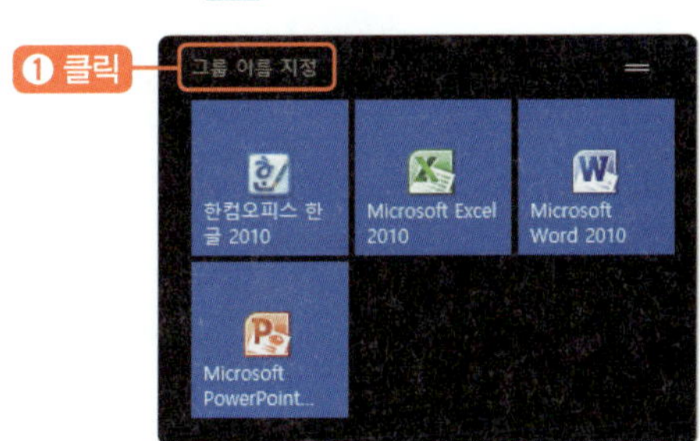

그림판 배우기1

완성 작품 미리보기

📁 불러올 파일 : 짱구, 양말   🖼 완성된 파일 : 짱구 완성, 양말 완성

▶ [한컴 타자연습] 앱으로 '자리연습 3단계'를 연습합니다.

▶ 색 채우기(🪣) 도구를 이용하여 밑그림에 색을 칠해 봅시다.

▶ 색 선택(💉) 도구를 이용하여 밑그림에 색을 칠해 봅시다.

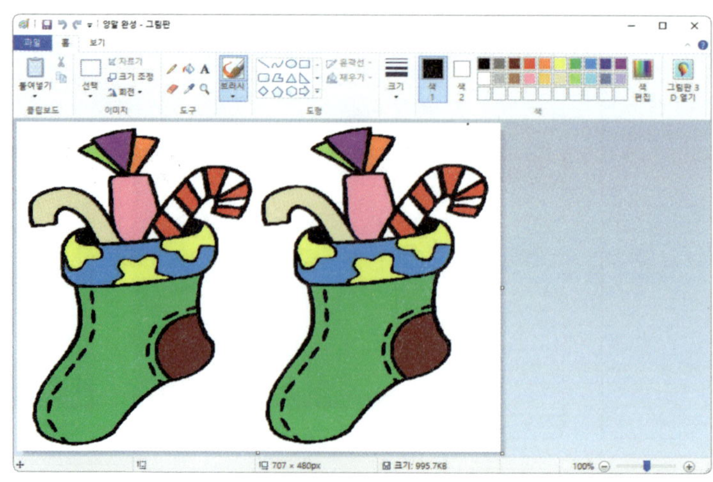

[소스 파일]–[키보드 송]–[05_키보드 송(자리연습 3단계)]를 더블 클릭하여 노래를 불러봅니다.

[한컴 타자연습] 앱을 실행한 후 [자리연습]–[3단계]를 연습합니다.

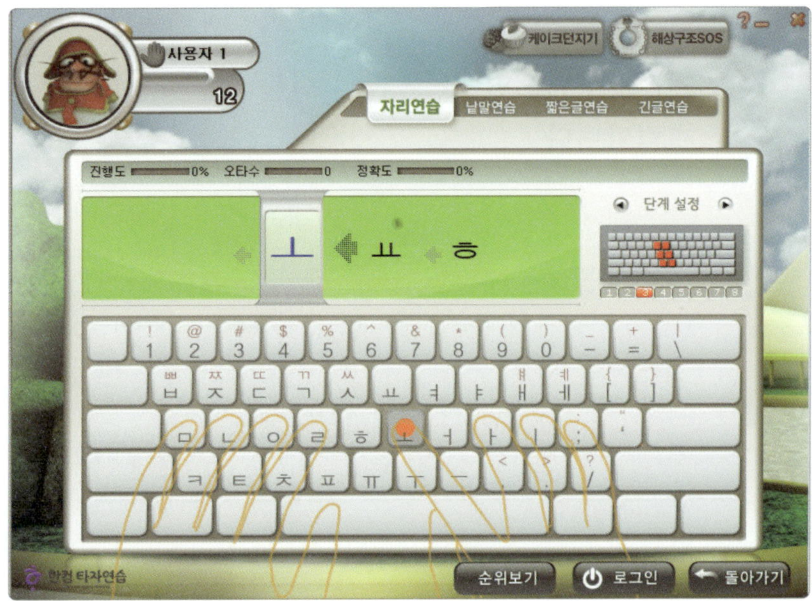

1 색 채우기( ) 도구를 이용하여 밑그림에 색을 칠해 봅시다.

❶ [시작] 단추( )를 클릭한 후 [Windows 보조프로그램]-[그림판]을 클릭합니다.
※ Windows 검색 칸에 '그림판'을 입력하면 빠르게 실행할 수 있습니다.

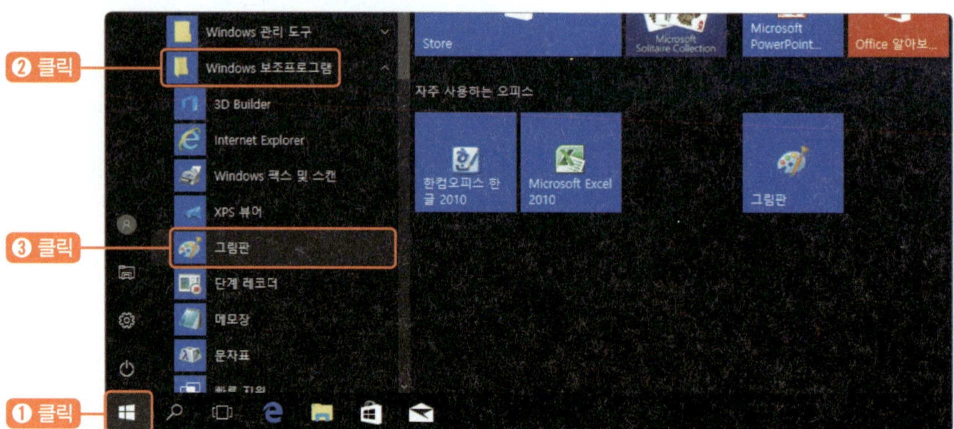

❷ [그림판] 앱이 실행되면 [파일]-[열기]를 클릭합니다.

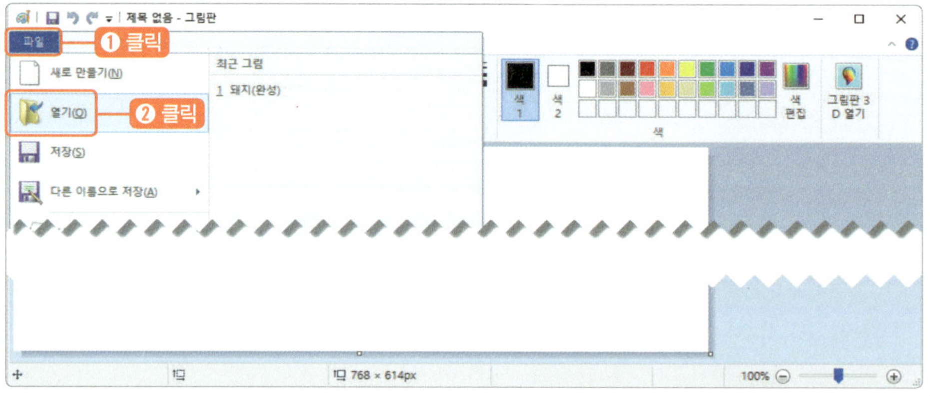

❸ [열기] 창이 나오면 [소스 파일]-[불러올 파일]-[그림판1] 폴더에서 **짱구**를 선택한 후 〈열기〉를 클릭합니다.

❹ ‘짱구’ 이미지 파일이 열리면 [홈] 탭의 [도구] 그룹에서 **색 채우기**( )를 클릭합니다.

❺ [홈] 탭의 [색] 그룹에서 **노랑**을 선택한 후 짱구의 ‘바지 부분’을 클릭하여 색을 칠합니다.

❻ 똑같은 방법으로 아래 이미지를 참고하여 짱구 이미지에 모든 색을 칠합니다. 색칠이 끝나
면 [파일]-[다른 이름으로 저장]을 클릭하여 ‘짱구 완성’으로 저장합니다.

 색 선택(✏) 도구를 이용하여 밑그림에 색을 칠해 봅시다.

❶ [그림판] 앱에서 [파일]-[열기]를 클릭합니다. [열기] 창이 나오면 [소스 파일]-[불러올 파일]-[그림판1] 폴더에서 **양말**을 선택한 후 〈열기〉를 클릭합니다.

❷ '양말' 이미지 파일이 열리면 [홈] 탭의 [도구] 그룹에서 **색 선택(✏)**을 클릭한 후 왼쪽 양말 에서 초록색 부분을 클릭합니다.

❸ '색 선택(✏)'이 '색 채우기(🪣)'로 변경되면 오른쪽 양말 밑그림에서 초록색으로 칠해야 하는 부분을 클릭합니다.
   ※ '색 채우기(🪣)'가 자동으로 변경되지 않으면 직접 선택합니다.

❹ 똑같은 방법으로 왼쪽 이미지에서 색을 골라내서 오른쪽 밑그림에 색을 채웁니다. 오른쪽 밑그림의 색칠이 끝나면 [파일]-[다른 이름으로 저장]을 클릭하여 '양말 완성'으로 저장합 니다.

뚝딱 1  색 채우기( ) 도구를 이용하여 태극기 밑그림에 색을 칠해 봅시다.

📁 불러올 파일 : 태극기　　🖼 완성된 파일 : 태극기 완성

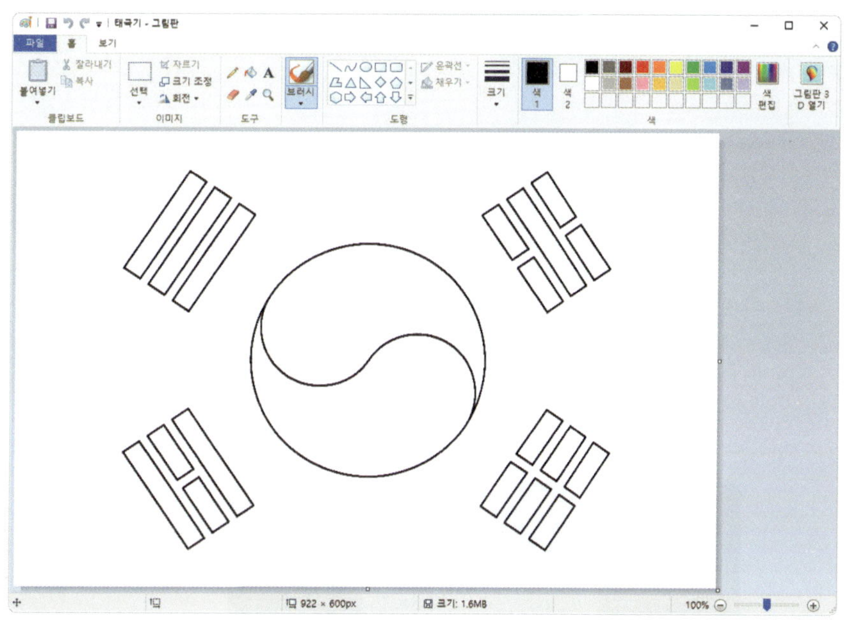

뚝딱 2 색 선택( ) 도구를 이용하여 왼쪽 요정 그림에서 색을 선택한 후 오른쪽 요정 밑그림에 색을 칠해 봅시다.

📁 불러올 파일 : 요정　　🖼 완성된 파일 : 요정 완성

06 창의 위치와 크기 조절하기

📁 불러올 파일 : 없음　💾 완성된 파일 : 없음

- ▶ [한컴 타자연습] 앱으로 '낱말연습 3단계'를 연습합니다.
- ▶ 앱을 실행한 후 창의 위치와 크기를 조절해 봅시다.
- ▶ 스냅 기능을 이용하여 창의 크기를 조절해 봅시다.

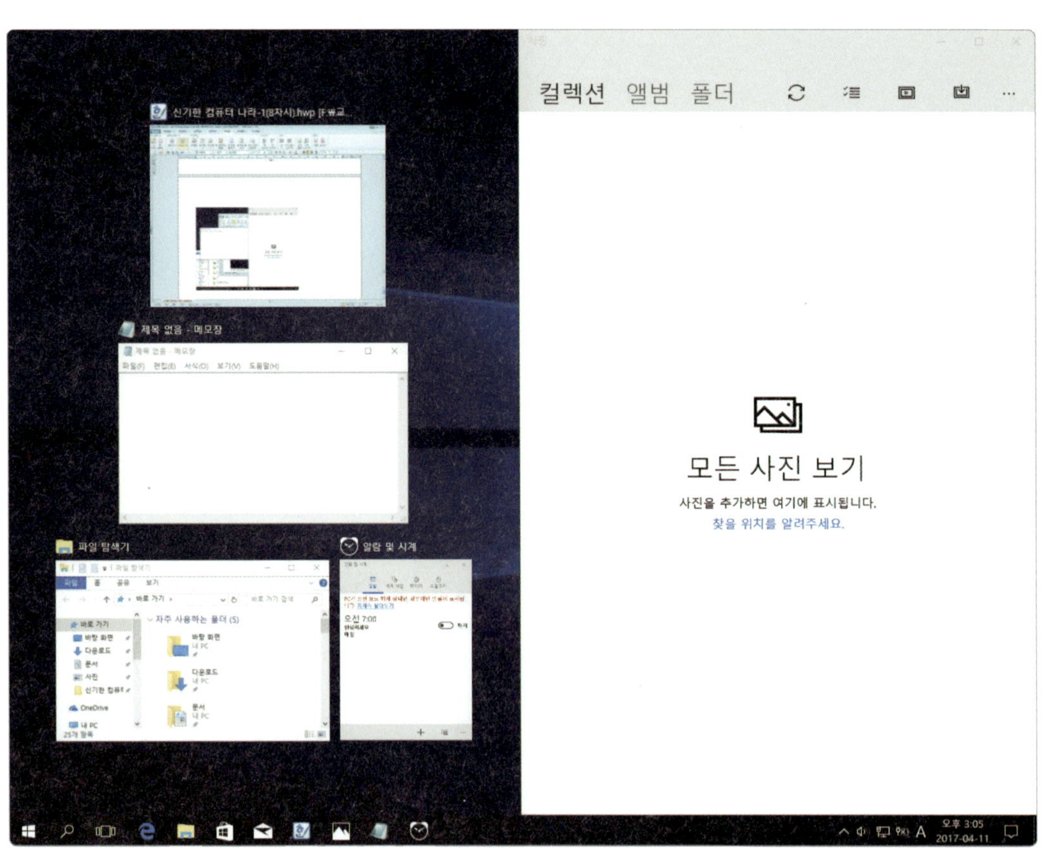

[소스 파일]–[키보드 송]–[06_키보드 송(낱말연습 3단계)]를 더블 클릭하여 노래를 불러봅니다.

[한컴 타자연습] 앱을 실행한 후 [낱말연습]–[3단계]를 연습합니다.

❶ [시작] 단추(⊞)를 클릭한 후 타일 앱에서 [사진]을 클릭합니다. [사진] 앱이 실행되면 **오른쪽 테두리**에 마우스 포인터를 올려놓은 후 '오른쪽 방향'으로 드래그하여 창의 크기를 조절합니다.

※ 창의 위치와 크기를 변경하는 작업이기 때문에 [사진] 앱이 아닌 다른 앱을 실행해도 상관없습니다.

> **Tip** **창의 크기 조절**
>
> 마우스 포인터를 창의 테두리에 올려놓으면 위치에 따라서 포인터 모양이 오른쪽 이미지처럼 바뀌며, 해당 방향으로 드래그하여 창의 크기를 조절 할 수 있습니다.
>
> 수직 크기 조절
> 수평 크기 조절
> 대각선 방향 크기 조절 1
> 대각선 방향 크기 조절 2

❷ [사진] 앱의 **맨 위쪽(제목 표시줄)**에 마우스 포인터를 올려놓은 후 원하는 위치로 드래그하면 창을 이동할 수 있습니다.

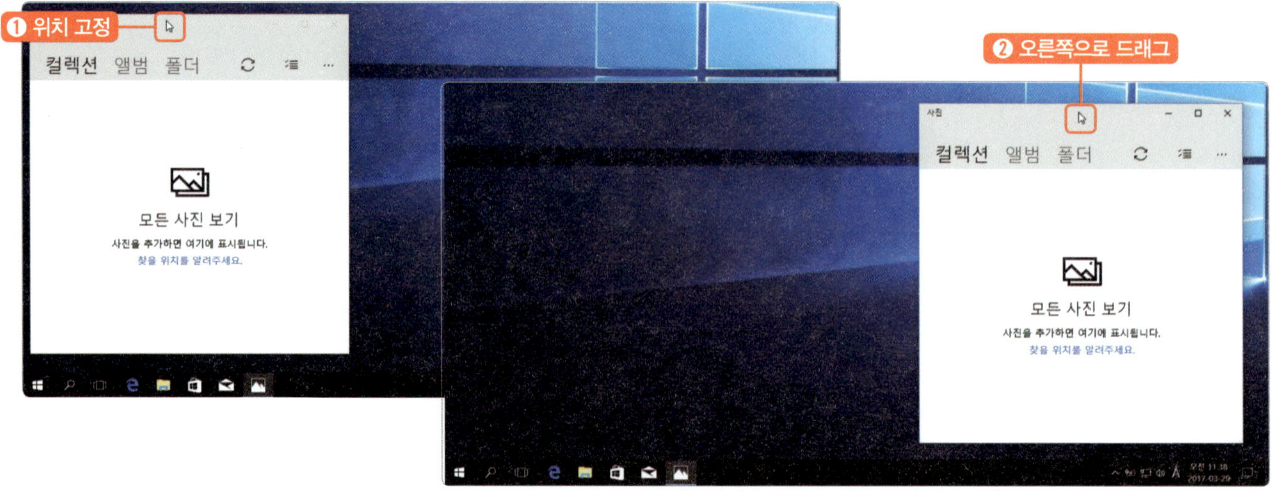

창 조절 단추(– □ ×)

❶ 창 조절 단추는 윈도우 XP 및 7에서 많이 사용하였기 때문에 사용상에 어려움은 없을 것이라 생각합니다. 윈도우 10에서는 창 조절 단추 보다는 스냅 기능을 이용하는 것이 창의 크기를 빠르고 편리하게 조절할 수 있습니다.

❷ **최소화**(–) 단추 : 해당 창의 크기가 최소화되면서 작업 표시줄에 표시됩니다. 작업 표시줄에 최소화된 앱 위에 마우스 포인터를 올려놓으면 작은 미리보기 창이 나옵니다.

❸ **최대화**(□) 단추 : 해당 창의 크기를 모니터 크기에 맞추어 확대합니다. 최대화된 창의 크기를 원래 크기로 변경하려면 '이전 크기로 복원(▫)'을 클릭합니다.

❹ **닫기**(×) 단추 : 현재 열려 있는 창을 닫습니다.

---

2   스냅 기능을 이용하여 창의 크기를 조절해 봅시다.

❶ **최대화** : [사진] 앱의 맨 위쪽(제목 표시줄)에 마우스 포인터를 올려놓은 후 **모니터 화면 위쪽 끝**으로 드래그하면 창이 최대화됩니다.

※ 최대화된 창을 아래쪽으로 드래그하면 원래 크기로 되돌아옵니다.

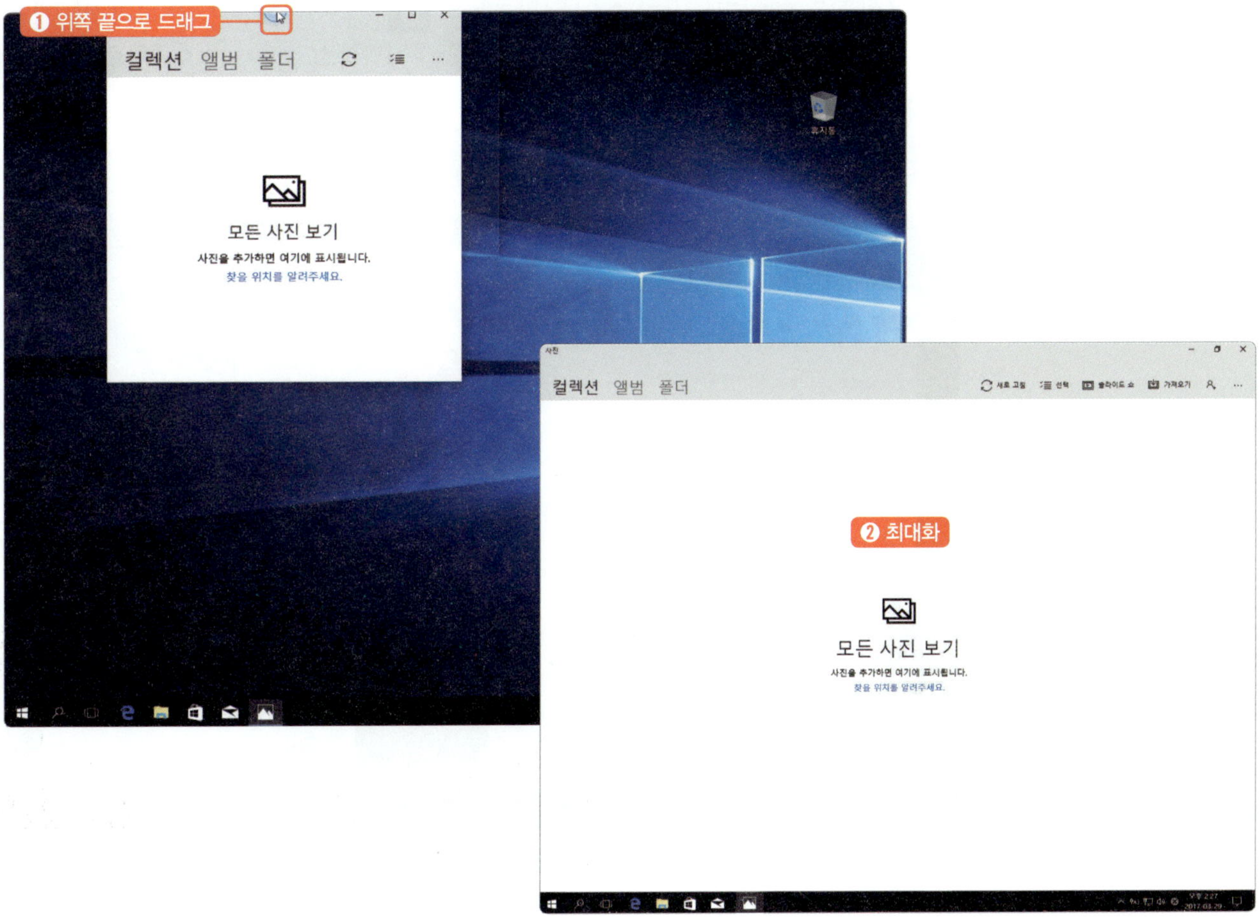

❷ 세로 크기 최대화 : [사진] 앱의 **위쪽 테두리**에 마우스 포인터(↕)를 올려놓은 후 '더블클릭'을 하면 가로 크기는 변화 없이 세로 크기만 최대화됩니다.

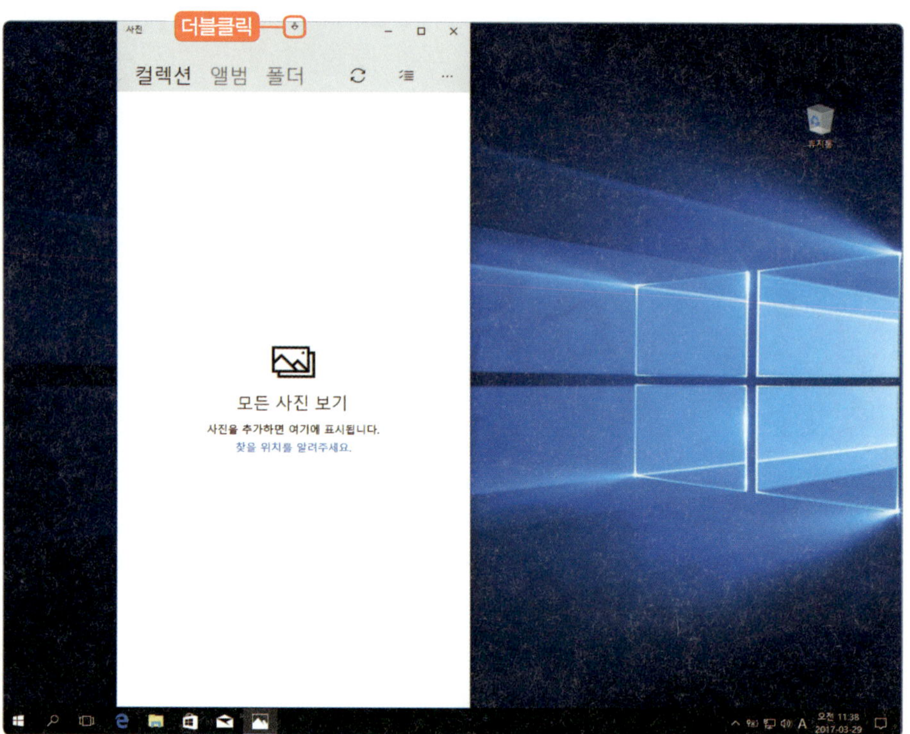

❸ 하나의 창만 남겨 놓기(AERO 쉐이크 기능) : [시작] 단추(■)를 클릭하여 3~4개의 앱을 실행합니다. 여러 개의 앱이 실행되면 화면에 남겨 놓을 창의 제목 표시줄을 클릭한 상태에서 **마우스를 좌우로 흔듭**니다.

※ 다른 창들이 최소화된 상태에서 화면에 남겨진 창을 다시 좌우로 흔들면 원래 상태로 되돌아옵니다.

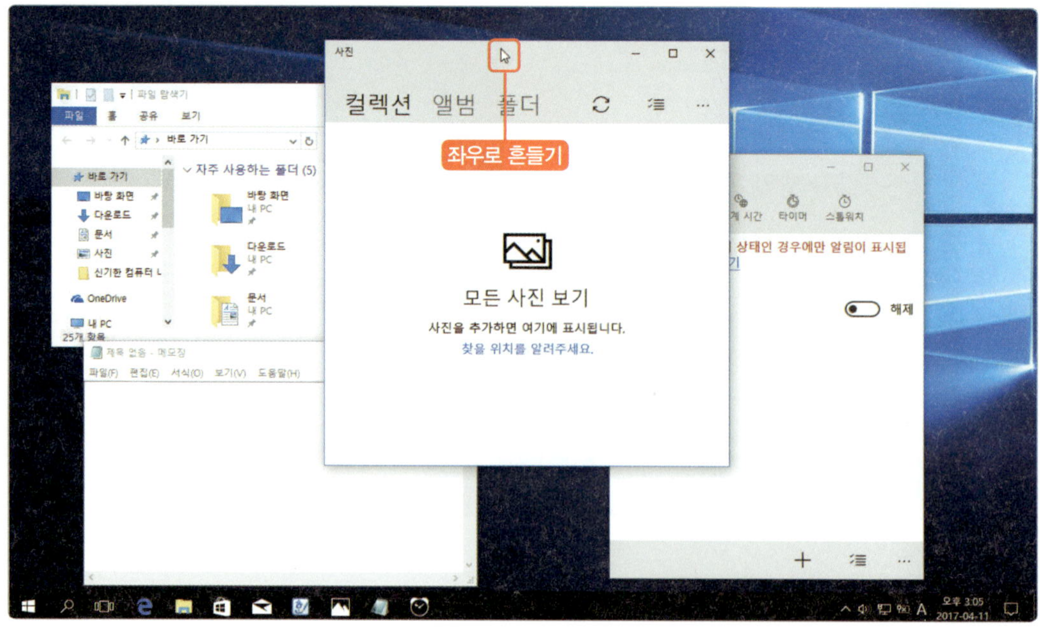

CHAPTER 06

뚝딱 1

4~5개의 앱을 실행한 후 아래 이미지처럼 창을 좌우로 배치합니다.

📁 불러올 파일 : 없음　💾 완성된 파일 : 없음

① [시작] 메뉴를 이용하여 4~5개 정도의 앱을 실행합니다.

② 여러 개의 앱 중에서 특정 앱의 맨 위쪽(제목 표시줄)에 마우스 포인터를 올려놓은 후 왼쪽 또는 오른쪽 끝으로 드래그하면 5:5 비율로 창을 구분할 수 있습니다.

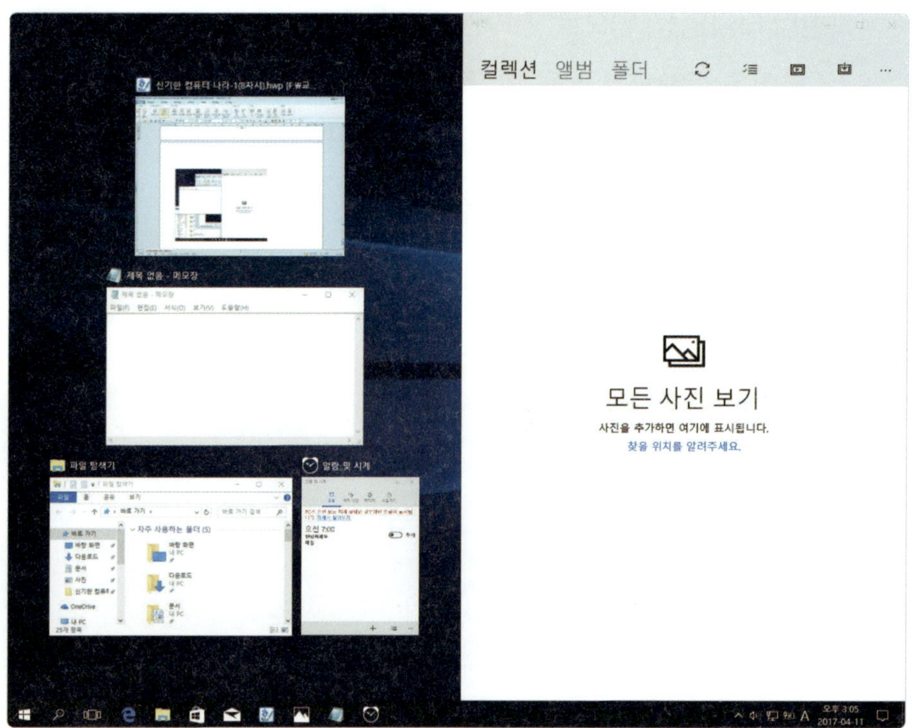

뚝딱 2

[시작] 메뉴에서 한 개의 앱을 실행한 후 키보드 윈도우 키(⊞)를 누른 상태에서 방향키(↑, ↓, ←, →)를 누르면 창의 크기가 어떻게 변하는지 확인합니다.

📁 불러올 파일 : 없음　💾 완성된 파일 : 없음

① 키보드 윈도우 키(⊞)+위쪽 방향키(↑)

② 키보드 윈도우 키(⊞)+아래쪽 방향키(↓)

③ 키보드 윈도우 키(⊞)+좌측 방향키(←)

④ 키보드 윈도우 키(⊞)+우측 방향키(→)

07 스토어에서 영어 학습 앱을 검색하여 설치하기

완성 작품 미리보기

📂 불러올 파일 : 없음　📄 완성된 파일 : 없음

▶ [한컴 타자연습] 앱으로 '자리연습 4단계'를 연습합니다.

▶ 스토어를 실행하여 앱을 확인해 봅시다.

▶ 앱을 설치한 후 실행해 봅시다.

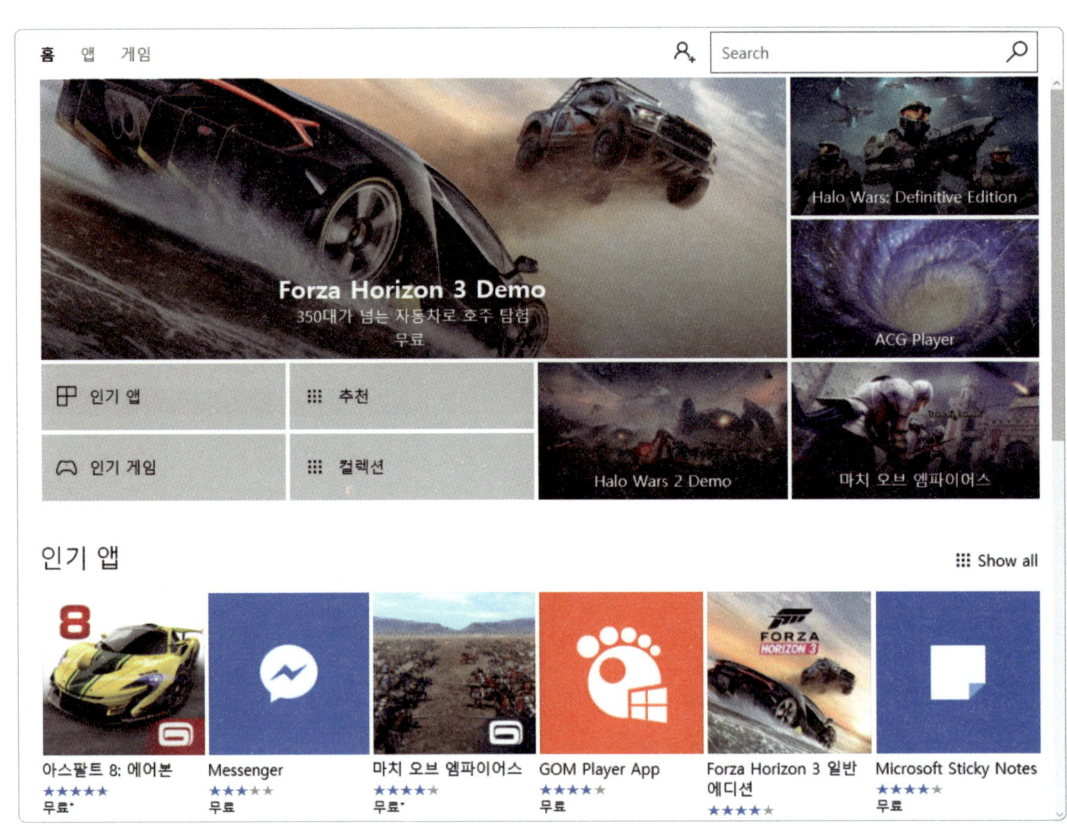

[소스 파일]-[키보드 송]-[07_키보드 송(자리연습 4단계)]를 더블 클릭하여 노래를 불러봅니다.

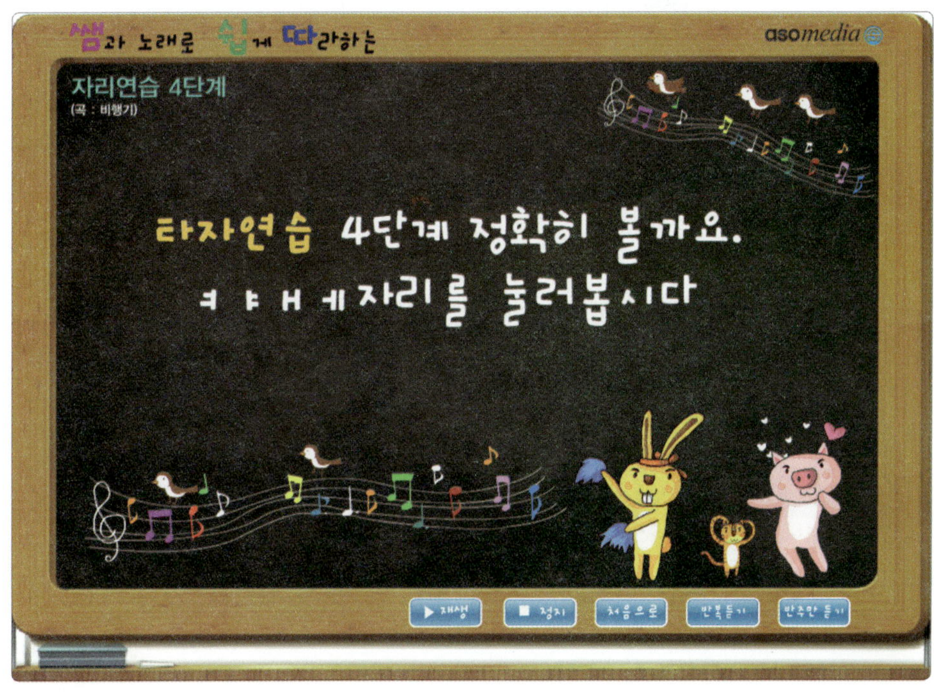

[한컴 타자연습] 앱을 실행한 후 [자리연습]-[4단계]를 연습합니다.

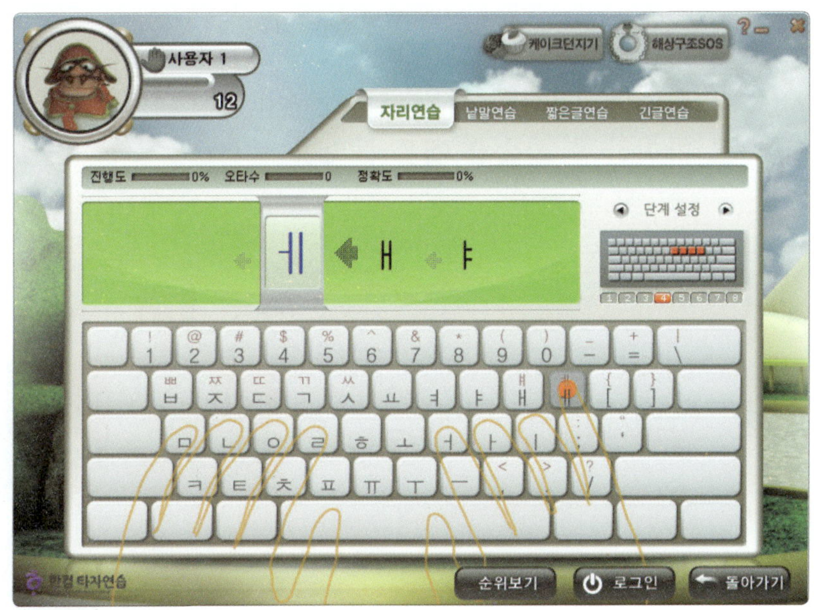

스토어를 실행하여 앱을 확인해 봅시다.

❶ [시작] 단추()를 클릭하여 [**스토어**] 앱을 실행하거나, 작업 표시줄에서 [**스토어**] **아이콘**
(🏪)]을 클릭합니다. [**스토어**] 앱이 실행되면 [**인기 앱**]을 클릭하여 현재 어떤 앱들이 인기
가 있는지 확인한 후 ← 를 클릭하여 홈 화면으로 이동합니다.

※ '차트(최다 판매, 인기 무료 등)', '유형(앱, 게임)', '범주(교육, 뉴스 및 날씨, 소셜 등)' 항목을 이용하면 좀 더 세부적으로
앱을 확인할 수 있습니다.

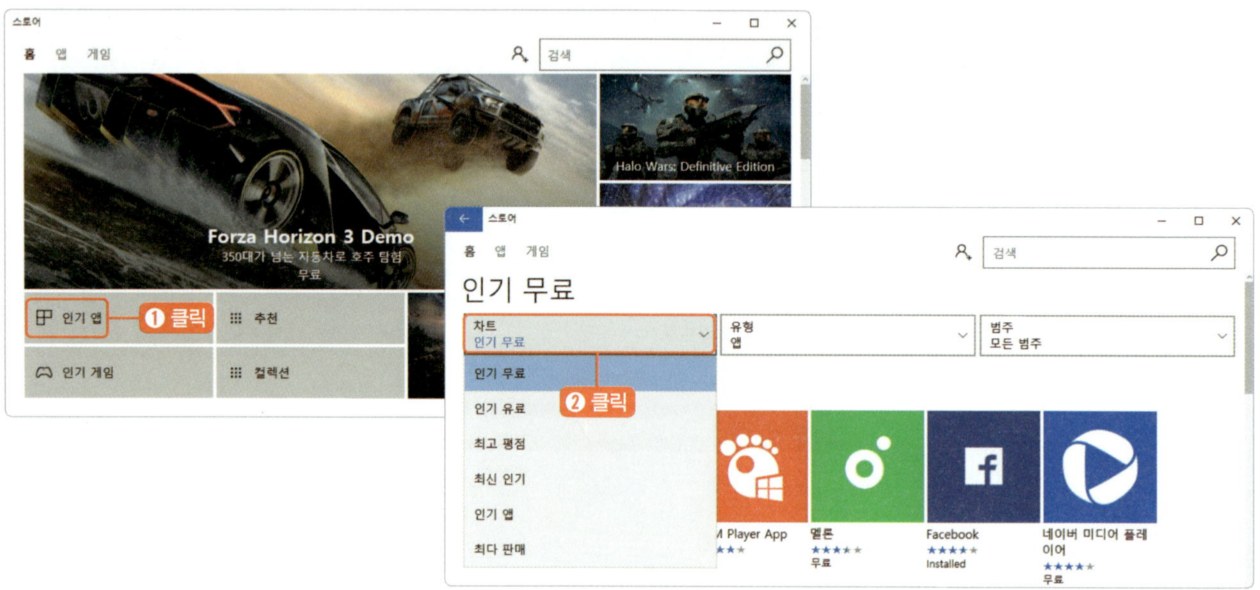

앱을 설치하여 실행해 봅시다.

❶ 홈 화면에서 [**컬렉션**]을 클릭합니다. 컬렉션으로 화면이 전환되면 여러 개의 컬렉션 항목들
을 확인한 후 **학습용 앱**을 클릭합니다.

※ 컬렉션은 주제별(음악 애호가, 요리와 외식, 독서실, 필수 앱, 학습용 앱 등)로 앱들을 분류하여 제공하기 때문에 내게
필요한 앱을 좀 더 쉽고 빠르게 찾을 수 있습니다.

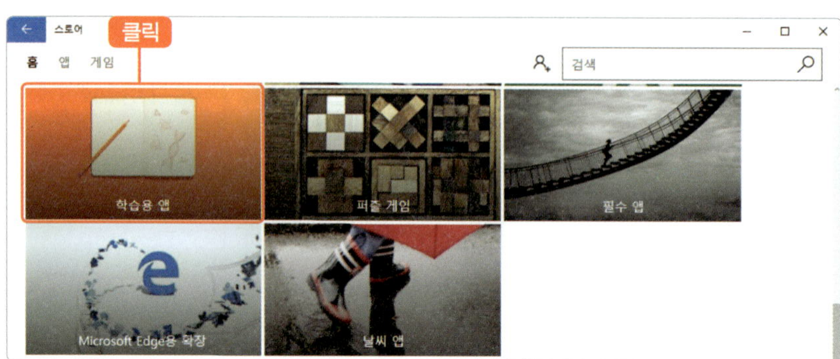

❷ '학습용 앱'으로 화면이 전환되면 스크롤바를 아래쪽으로 내려서 **듀오링고**를 클릭합니다.

※ 스토어 검색 칸(검색)에 '듀오링고(듀오링고)'를 입력하면 빠르게 앱을 찾을 수 있습니다.

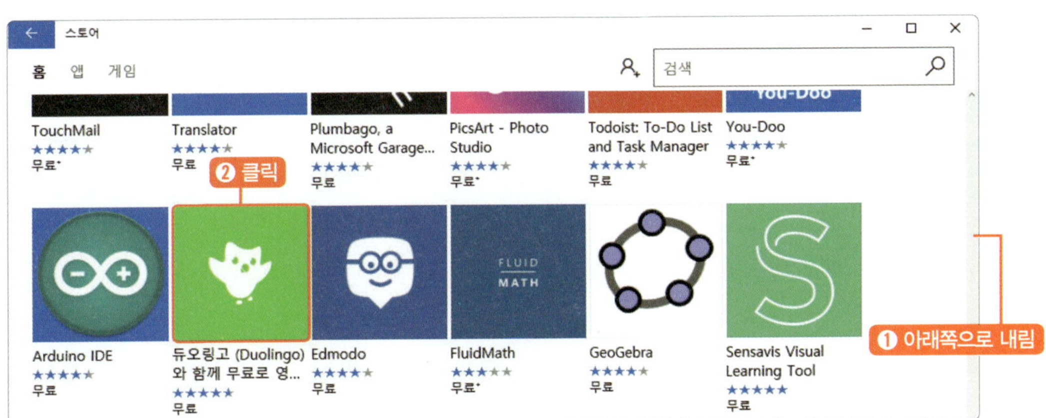

❸ '듀오링고' 페이지로 화면이 전환되면 〈다운로드〉를 클릭하여 해당 앱을 설치합니다. 앱 설치가 끝나면 닫기(×)를 클릭합니다.

※ 새로운 앱이 설치되면 알림 센터에 앱이 설치되었다는 알림( )이 표시됩니다.

❹ [시작] 단추( )를 클릭하여 맨 위쪽에 있는 **[최근에 추가한 앱]**에서 [Duolingo] 앱을 클릭합니다.

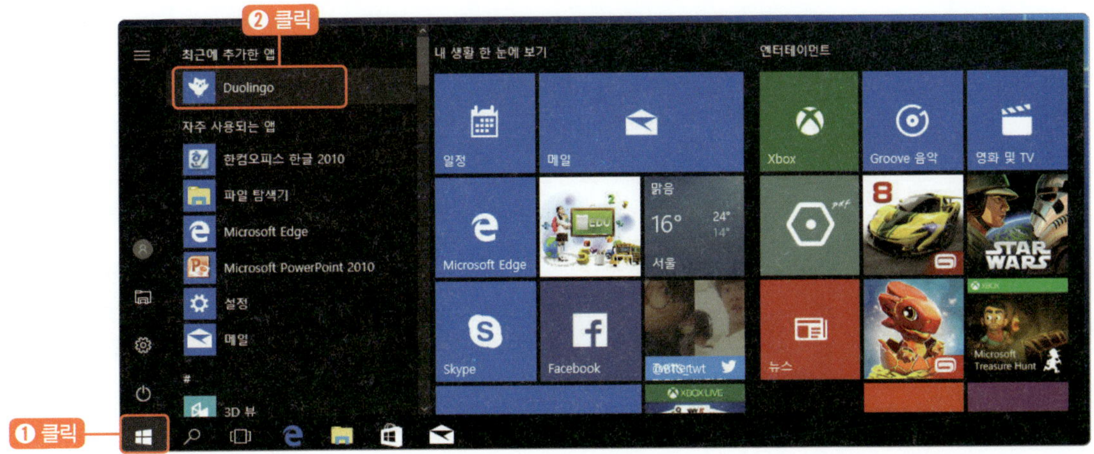

❺ [Duolingo] 앱이 실행되면 〈시작하기〉를 클릭합니다. [코스 선택]으로 화면이 전환되면 **한국어 사용자용** '영어'를 클릭합니다.

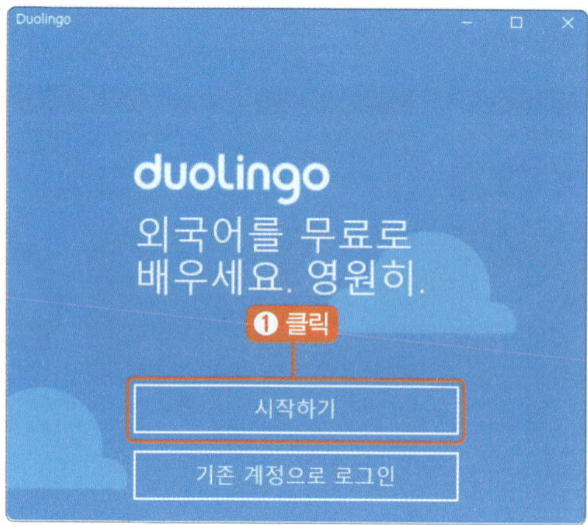

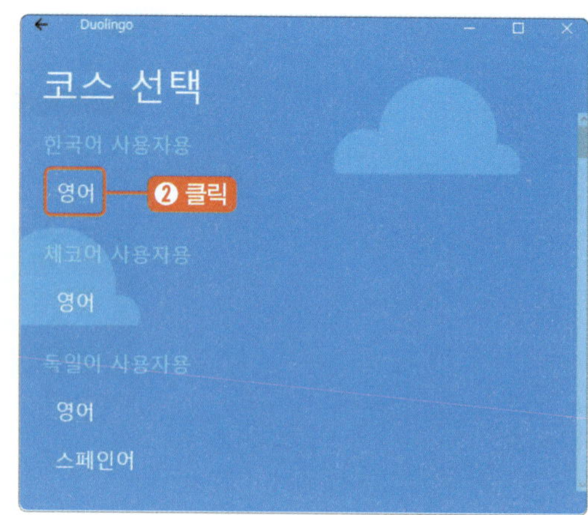

❻ [일일 목표 선택]으로 화면이 전환되면 원하는 목표를 선택한 후 **기초1**을 클릭합니다.

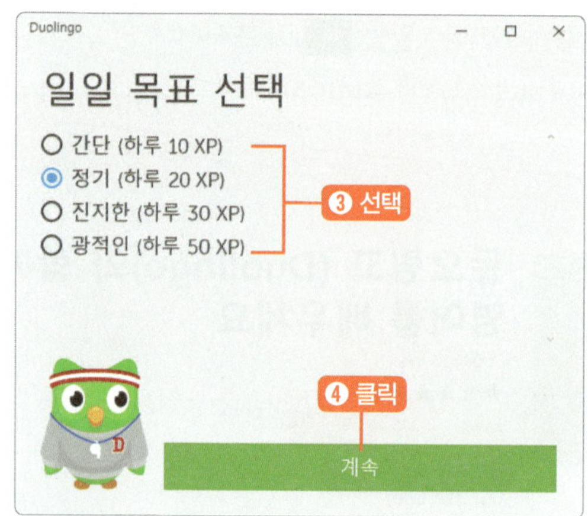

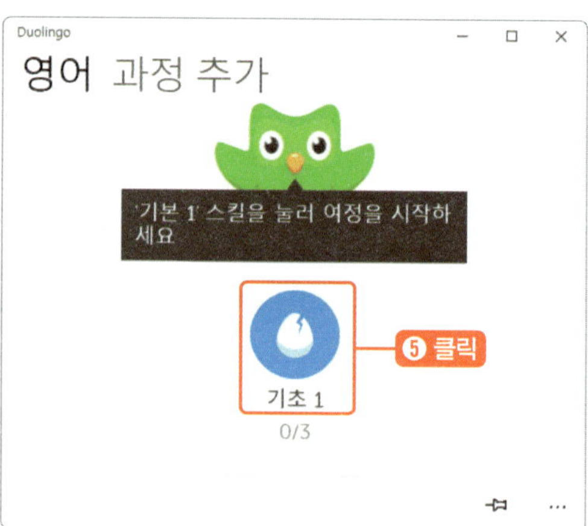

❼ [기초1]로 화면이 전환되면 레슨1에서 〈시작〉을 클릭한 후 영어 단어를 학습합니다.
※ 한글로 제시한 단어(소년)에 맞는 이미지를 찾아 영어 단어를 확인한 후 〈확인〉을 클릭합니다.

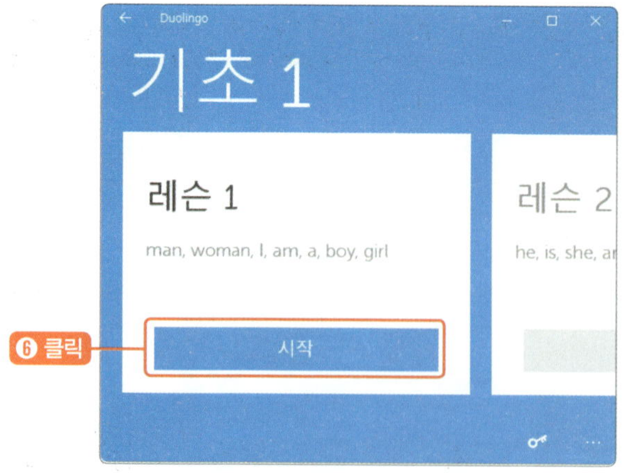

혼자서 뚝딱 뚝딱!

뚝딱 1 스토어에서 '디즈니 길건너 친구들' 게임 앱을 설치한 후 실행해 봅시다.

📂 불러올 파일 : 없음 📄 완성된 파일 : 없음

① [스토어] 앱 화면의 위에 있는 검색 칸에 '디즈니 길건너 친구들'을 입력한 후 아래쪽의 앱을 클릭합니다.

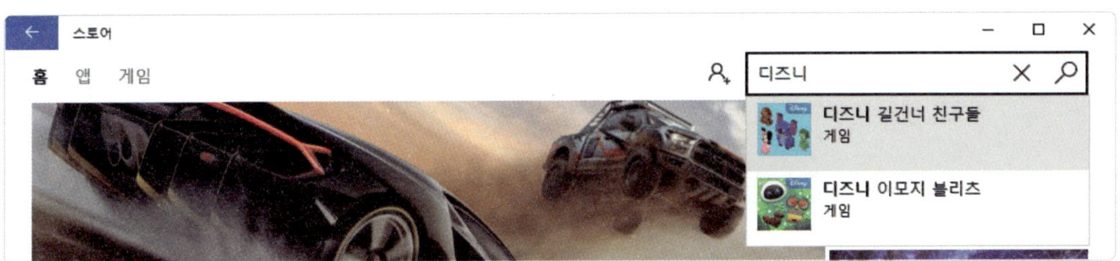

② '디즈니 길건너 친구들' 페이지로 화면이 전환되면 〈다운로드〉를 클릭하여 설치한 후 해당 창을 닫습니다.

③ [시작] 단추(⊞)를 클릭하여 맨 위쪽에 있는 [최근에 추가한 앱]에서 [디즈니 길건너 친구들] 앱을 클릭합니다.

④ 해당 앱이 실행되면 나이를 입력한 후 〈계속〉 – 〈계속〉을 클릭합니다.

⑤ ▶를 클릭하여 캐릭터를 뽑은 후 게임을 시작합니다.

※ 게임 조작은 키보드 방향키를 이용합니다.

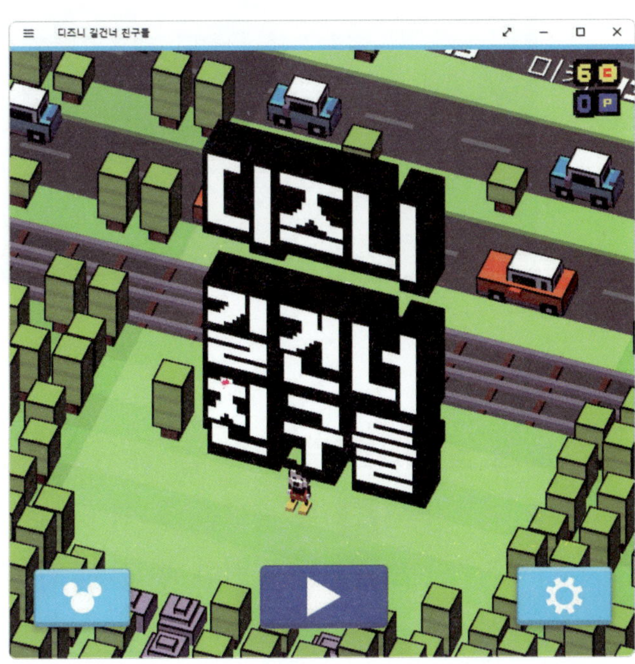

01 다음 중 컴퓨터 구성 장치에 속하지 않는 것은 무엇인가요?

① 본체　　　　② 모니터　　　　③ 키보드　　　　④ 팩스

02 전원(⏻) 메뉴 중 실행 중인 앱을 모두 닫고 컴퓨터를 종료하기 위해서는 어떤 메뉴를 선택해야 하나요?

① 절전　　　　② 시스템 종료　　　　③ 다시 시작　　　　④ 시스템 다운

03 다음 중 마우스 조작 방법에 대한 설명으로 올바르지 않은 것은?

① 클릭 : 검지를 이용하여 마우스 오른쪽 단추를 누른다.

② 더블클릭 : 검지를 이용하여 마우스 왼쪽 단추를 빠르게 두 번 누른다.

③ 드래그 : 검지로 마우스 왼쪽 단추를 누른 채 이동할 위치로 마우스를 움직인다.

④ 휠 : 검지로 마우스 휠을 위아래로 굴려서 화면을 위아래로 이동시킨다.

04 빈 칸에 바탕 화면의 구성 요소 명칭을 적어 보세요.

05 다음 중 앱을 실행하는 방법으로 옳지 않은 것은?

① [시작] 단추(⊞)를 클릭한 후 앱 타일에서 앱을 실행한다.

② [시작] 단추(⊞)를 클릭한 후 전체 앱 목록을 이용하여 앱을 실행한다.

③ [Windows 검색(🔍)]을 이용하여 앱을 실행한다.

④ 알림 센터(🗨) 클릭한 후 앱을 실행한다.

06 [그림판] 앱을 시작 화면에 고정시켜 보세요.

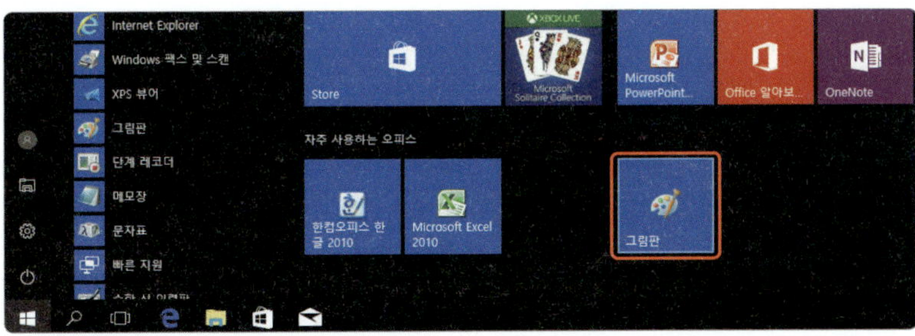

07 창 조절 단추 중에서 창의 크기를 최소화하여 작업 표시줄에 표시하는 것은 무엇인가요?

① −　　　　② □　　　　③ ×　　　　④ ❐

08 [계산기], [메모장], [그림판] 앱을 실행한 상태에서 [계산기] 앱의 제목 표시줄을 클릭한 후 마우스를 좌우로 흔들면 어떻게 되는지 간단하게 적어보세요.

09 [계산기] 앱을 이용하여 다음 문제를 풀어보세요.

① 10+30+50+70+90 =

② 10 야드는 몇 미터 =

10 [스토어 ]에서 'M8!-Mind Map()' 앱을 찾아서 설치한 후 '자기 소개' 맵을 만들어 보세요.

> ▶ 앱을 실행한 후 Ctrl + N 을 클릭하여 새로운 마인드 맵을 만듦
> ▶ 내용을 입력한 후 '+'를 클릭하여 새로운 노드를 만들어서 필요한 내용을 입력
> ▶ 새롭게 만든 노드는 마우스로 드래그하여 위치를 이동시킬 수 있음

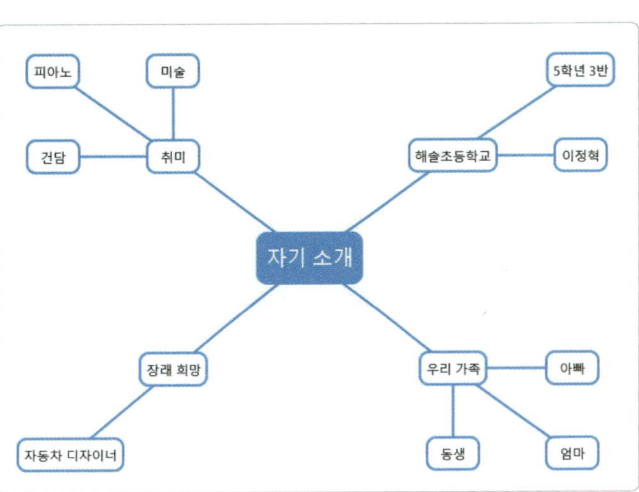

CHAPTER 09

앱 타일의 위치와 크기를 변경하기

완성 작품 미리보기

📁 불러올 파일 : 없음   📗 완성된 파일 : 없음

▶ [한컴 타자연습] 앱으로 '낱말연습 4단계'를 연습합니다.

▶ 앱 타일의 위치 및 크기를 변경해 봅시다.

▶ 자주 사용하는 앱을 작업 표시줄에 고정시켜 봅시다.

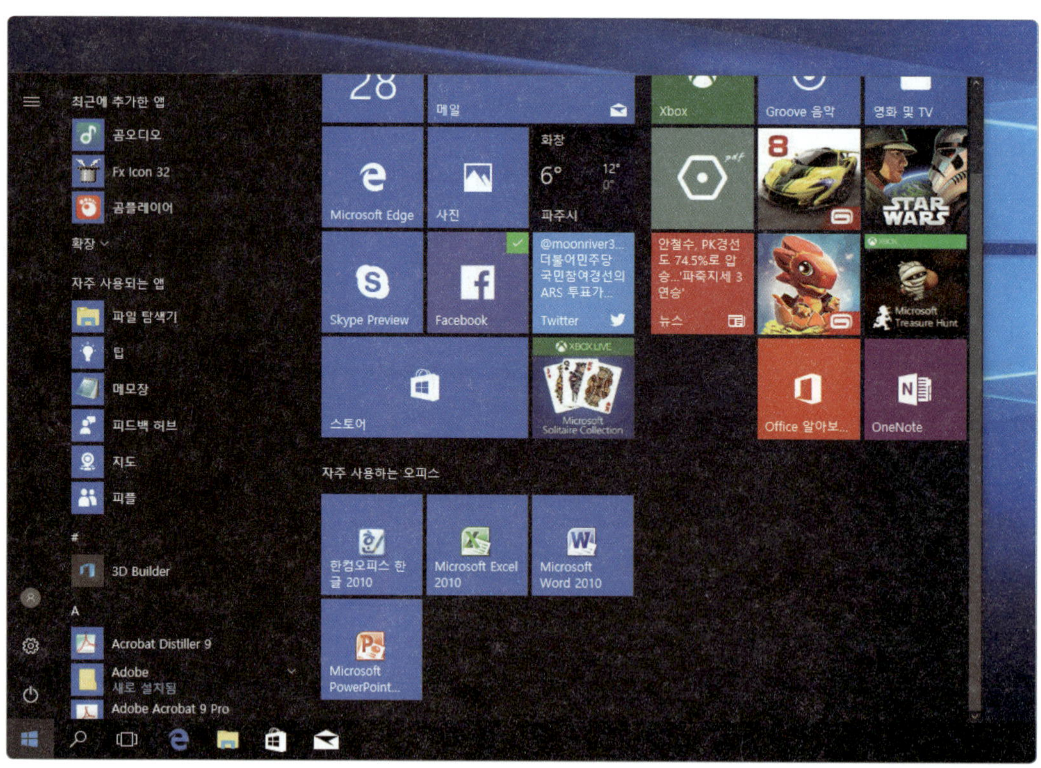

[소스 파일]-[키보드 송]-[09_키보드 송(낱말연습 4단계)]를 더블 클릭하여 노래를 불러봅니다.

[한컴 타자연습] 앱을 실행한 후 [**낱말연습**]-[**4단계**]를 연습합니다.

앱 타일의 위치를 변경한 후 크기를 조절해 봅시다.

❶ [시작] 단추(■)를 클릭한 후 3개 정도의 앱들을 **시작 화면에 고정**시킵니다.
  ※ 고정할 앱 위에서 마우스 오른쪽 버튼을 눌러 [시작 화면에 고정]을 클릭합니다.

❷ 위치를 이동할 타일을 선택한 후 마우스 왼쪽 버튼을 누른 채 원하는 위치로 드래그합니다.

❸ 이동된 앱 타일을 다시 원래 자리도 다시 이동시킵니다.

Tip 타일의 위치 변경

❶ 앱의 위치를 변경할 때 기존의 타일 사이로 이동시킬 경우에는 타일과 타일 사이의 경계선 쪽으로 드래그합니다. 타일 경계선 쪽으로 앱을 드래그하면 자동으로 공간이 생깁니다.

❷ 앱을 경계선이 아닌 다른 앱 위로 드래그하면 하나의 그룹으로 묶어서 처리됩니다. 그룹으로 묶인 타일을 클릭하면 바로 아래쪽에 각각의 앱 타일로 나타납니다.

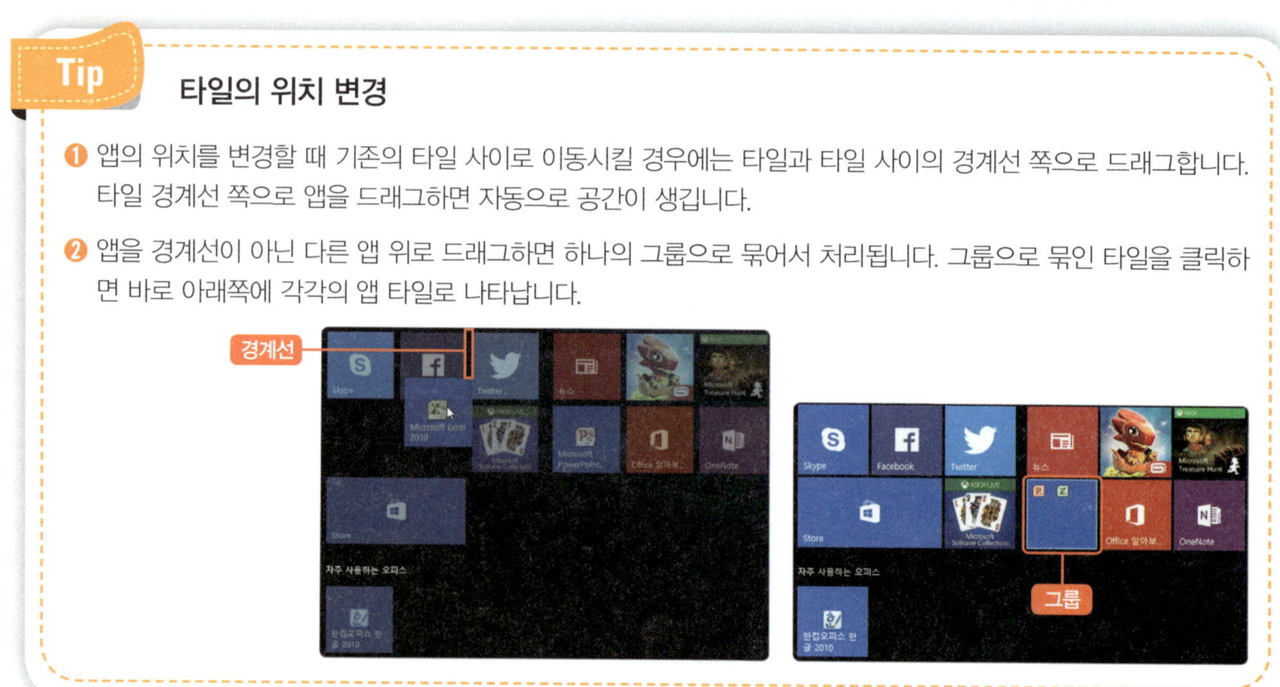

❹ 시작 화면에 고정된 앱 타일 중 크기를 변경할 앱 위에서 마우스 오른쪽 버튼을 눌러 [크기 조정]-[작게]를 클릭합니다.

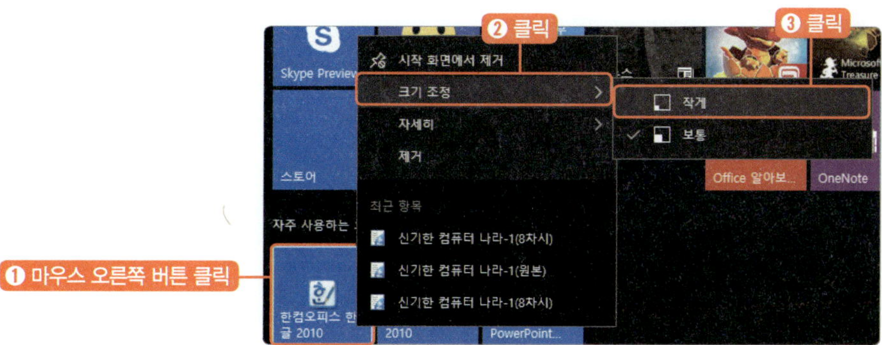

Tip

타일 크기 조정

타일의 크기 조정 메뉴는 '작게, 보통, 넓게, 크게'로 구분되지만, 앱에 따라서 크기 변경 메뉴의 개수가 적게 나올 수도 있습니다.

---

2 자주 사용하는 앱을 작업 표시줄에 고정시켜 봅시다.

❶ 작업 표시줄에 고정시킬 앱 타일 위에서 마우스 오른쪽 버튼을 눌러 [자세히]-[작업 표시줄에 고정]을 클릭합니다.

❷ 해당 앱이 작업 표시줄에 고정된 것을 확인합니다.

※ 작업 표시줄에 고정된 앱을 클릭하면 [시작] 메뉴를 이용하지 않고 해당 앱을 바로 실행할 수 있습니다.

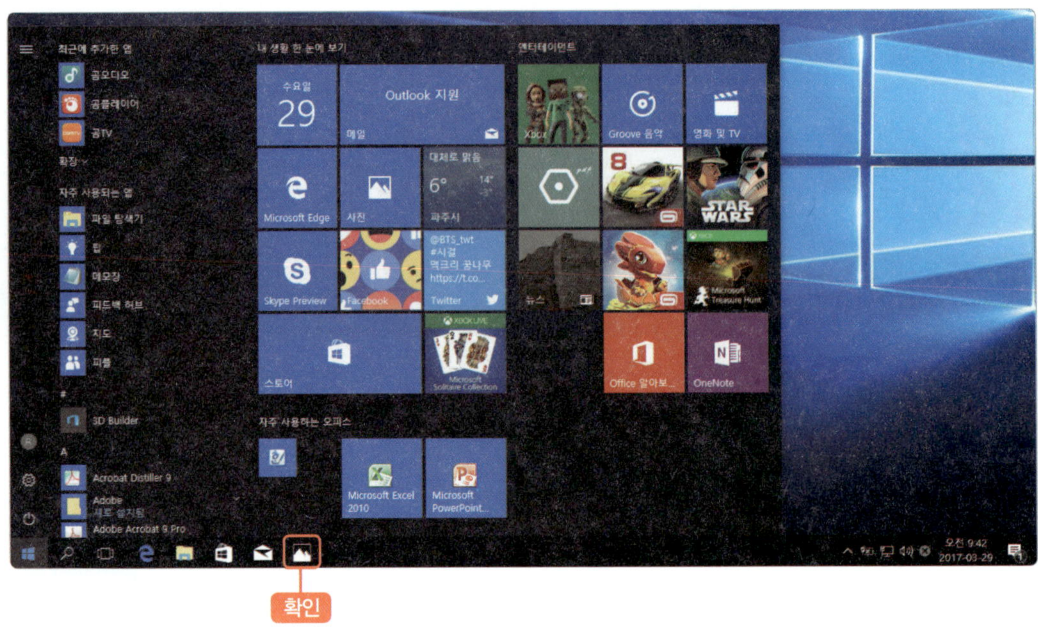

❸ 작업 표시줄에 고정된 앱 위에서 마우스 오른쪽 버튼을 눌러 [작업 표시줄에서 제거]를 클릭
하면 작업 표시줄에 고정된 앱이 제거됩니다.

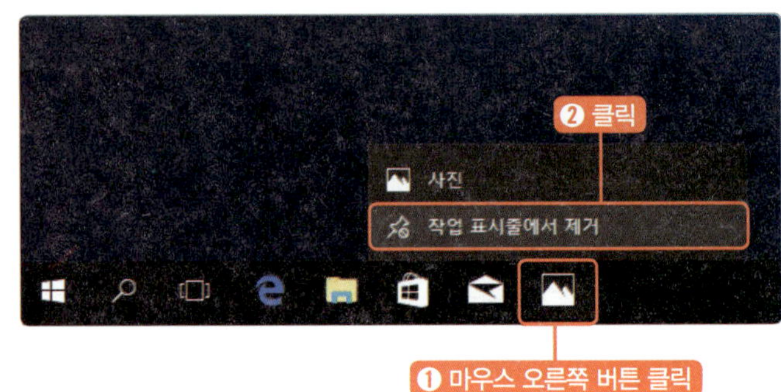

Tip 라이브 타일(Live tile)

'날씨, 트위터, 메일, 페이스 북' 등과 같은 앱들은 실시간으로 정보를
제공해주는 앱들로 대표적인 라이브 타일입니다. 만약 실시간 정보를
받고 싶지 않은 경우에는 해당 앱 위에서 마우스 오른쪽 버튼을 눌러
[자세히]–[라이브 타일 끄기]를 클릭합니다.

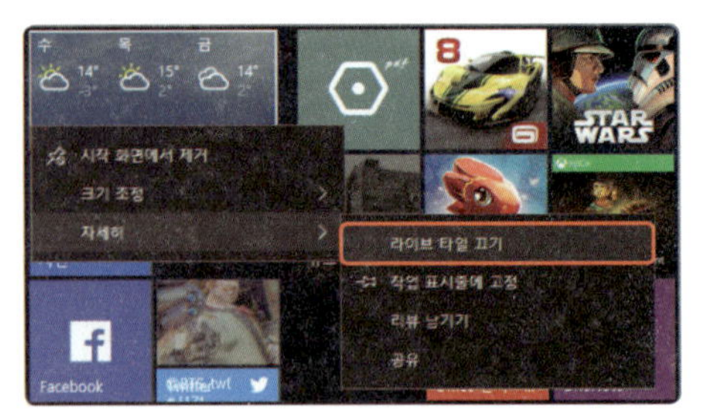

뚝딱 1

[Windows 보조프로그램] 중에서 자주 사용하는 앱들을 시작 화면에 추가한 후 '자주 사용하는 보조 프로그램'으로 그룹 이름을 지정합니다.

📂 불러올 파일 : 없음　💾 완성된 파일 : 없음

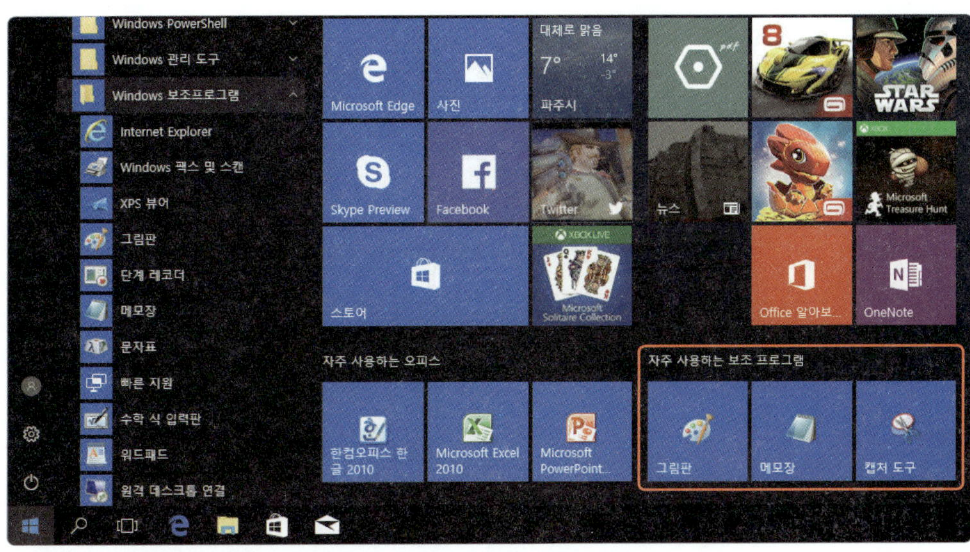

뚝딱 2

시작 화면에 추가된 보조 프로그램 앱들을 작업 표시줄에 고정시킨 후 시작 화면에서 모두 삭제합니다.

📂 불러올 파일 : 없음　💾 완성된 파일 : 없음

작업 표시줄 설정

완성 작품 미리보기

📂 불러올 파일 : 없음   📄 완성된 파일 : 없음

▶ [한컴 타자연습] 앱으로 '자리연습 5단계'를 연습합니다.

▶ 작업 표시줄 설정 및 위치를 변경해 봅시다.

▶ 작업 표시줄에 표시할 아이콘을 설정해 봅시다.

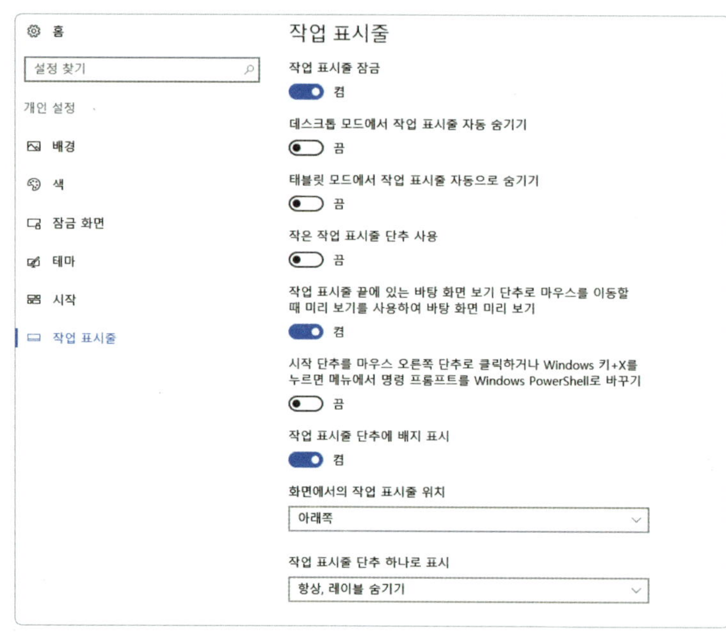

[소스 파일]-[키보드 송]-[10_키보드 송(자리연습 5단계)]를 더블 클릭하여 노래를 불러봅니다.

오늘의 타자 연습　자리연습 5단계

[한컴 타자연습] 앱을 실행한 후 [자리연습]-[5단계]를 연습합니다.

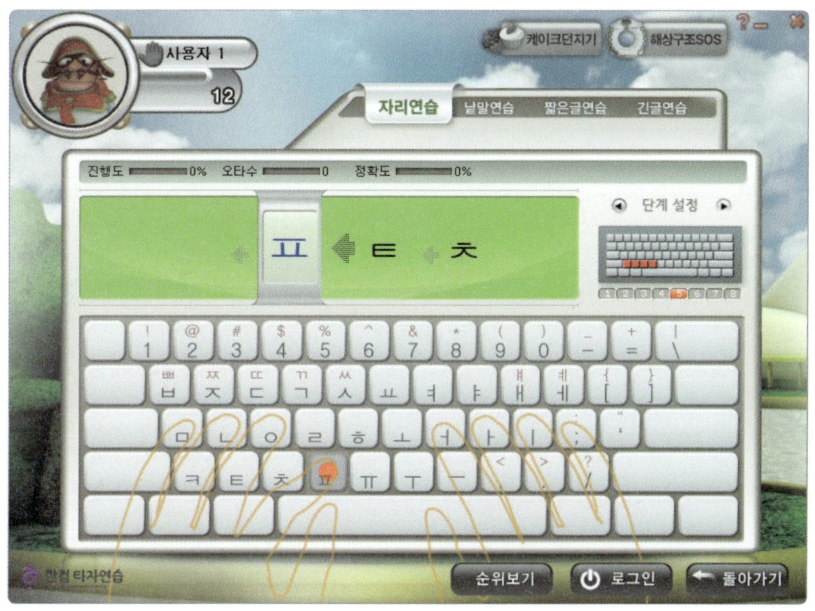

작업 표시줄 설정 및 위치를 변경해 봅시다.

1 작업 표시줄 위에서 마우스 오른쪽 버튼을 눌러 [**작업 표시줄 설정**]을 클릭합니다.

※ 바로 가기 메뉴를 이용하면 여러 단계를 거치지 않고 한 번에 작업 표시줄 설정 화면을 불러올 수 있습니다.

Tip 작업 표시줄 설정 방법

1 [시작] 단추(⊞)를 클릭하여 설정(⚙)을 선택하거나, [알림 센터]에서 모든 설정( )을 클릭합니다. [Windows 설정] 창이 나오면 [개인 설정( )]을 클릭합니다.

2 [개인 설정] 화면에서 [작업 표시줄(작업 표시줄)]을 클릭합니다.

3 작업 표시줄 설정 화면이 나오면 필요한 사항을 설정합니다.

2 [개인 설정] 창이 나오면 [작업 표시줄]에서 원하는 항목의 **버튼( )**을 눌러 작업 표시줄을 설정합니다.

※ '켬'과 '끔'을 선택할 때마다 해당 항목의 설정이 바로 적용되어 즉시 확인할 수 있습니다.

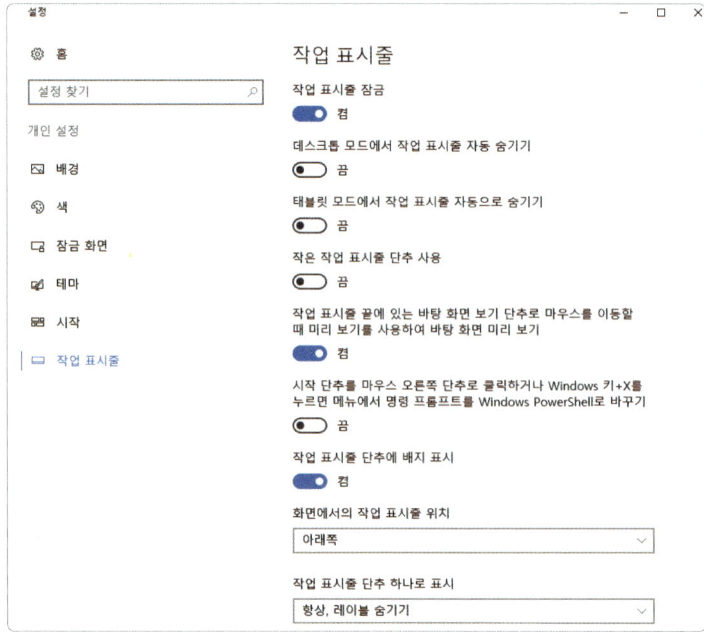

작업 표시줄 설정 주요 항목

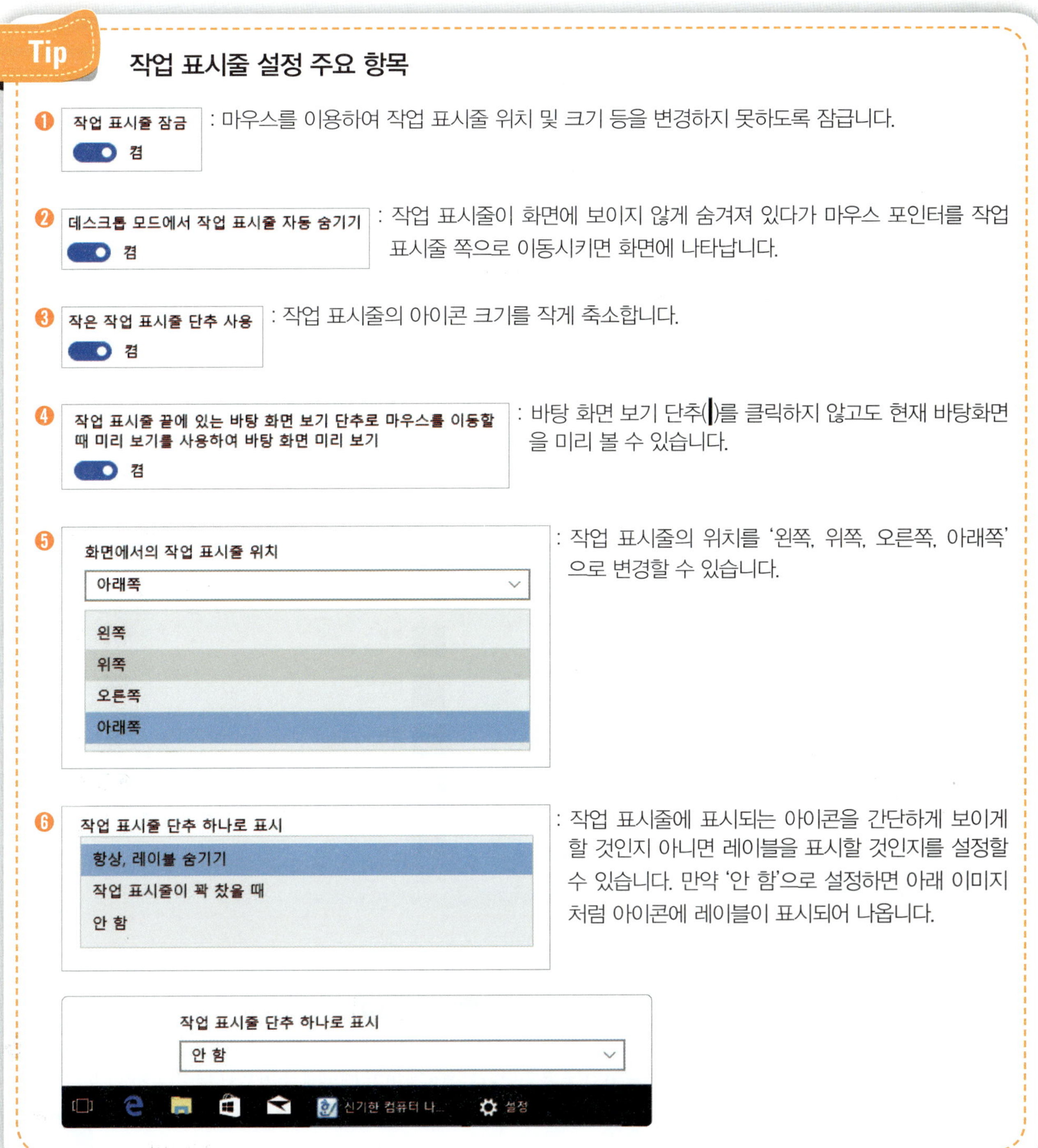

❶ 작업 표시줄 잠금
   켬
: 마우스를 이용하여 작업 표시줄 위치 및 크기 등을 변경하지 못하도록 잠급니다.

❷ 데스크톱 모드에서 작업 표시줄 자동 숨기기
   켬
: 작업 표시줄이 화면에 보이지 않게 숨겨져 있다가 마우스 포인터를 작업 표시줄 쪽으로 이동시키면 화면에 나타납니다.

❸ 작은 작업 표시줄 단추 사용
   켬
: 작업 표시줄의 아이콘 크기를 작게 축소합니다.

❹ 작업 표시줄 끝에 있는 바탕 화면 보기 단추로 마우스를 이동할 때 미리 보기를 사용하여 바탕 화면 미리 보기
   켬
: 바탕 화면 보기 단추(▮)를 클릭하지 않고도 현재 바탕화면을 미리 볼 수 있습니다.

❺ 화면에서의 작업 표시줄 위치
   아래쪽
   왼쪽
   위쪽
   오른쪽
   아래쪽
: 작업 표시줄의 위치를 '왼쪽, 위쪽, 오른쪽, 아래쪽'으로 변경할 수 있습니다.

❻ 작업 표시줄 단추 하나로 표시
   항상, 레이블 숨기기
   작업 표시줄이 꽉 찼을 때
   안 함
: 작업 표시줄에 표시되는 아이콘을 간단하게 보이게 할 것인지 아니면 레이블을 표시할 것인지를 설정할 수 있습니다. 만약 '안 함'으로 설정하면 아래 이미지처럼 아이콘에 레이블이 표시되어 나옵니다.

작업 표시줄 단추 하나로 표시
안 함

2 작업 표시줄에 표시할 아이콘을 설정해 봅시다.

❶ 스크롤바를 아래쪽으로 내린 후 [알림 영역] 항목에서 **작업 표시줄에 표시할 아이콘 선택**을 클릭합니다.

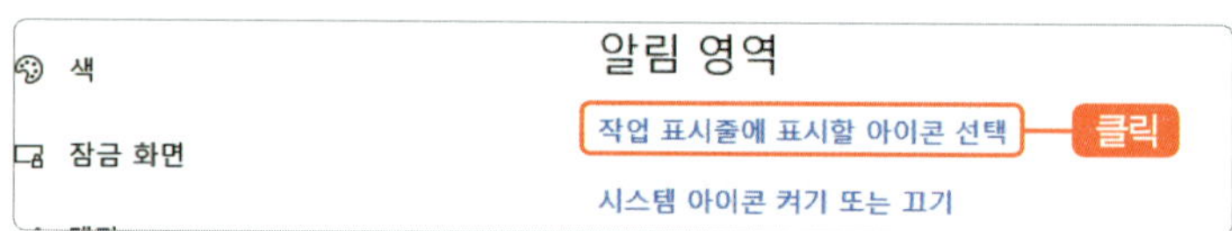

❷ [작업 표시줄에 표시할 아이콘 선택]으로 화면이 전환되면 버튼( )을 눌러 작업 표시줄에 표시할 아이콘을 설정합니다.

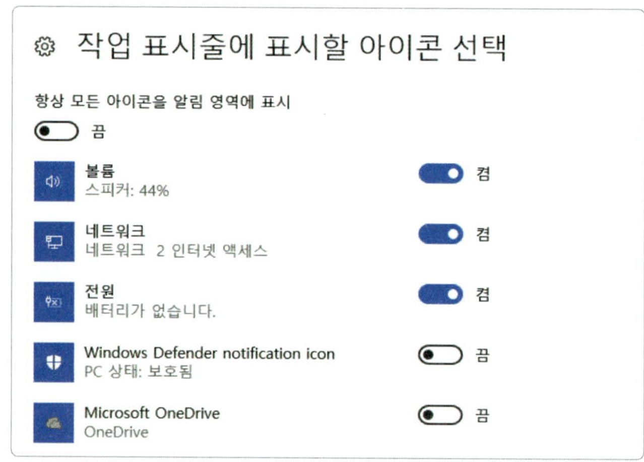

> **Tip**
>
> **작업 표시줄에 표시할 아이콘**
>
> 작업 표시줄의 오른쪽 끝 부분을 보면 시스템 아이콘( )을 표시하는 영역이 있습니다. 작업 표시줄에 표시할 아이콘을 '켬'으로 설정하면 시스템 아이콘 영역에 표시되고, '끔'으로 설정하면 숨겨진 아이콘 표시( )를 클릭해야 보입니다. 아래 이미지는 모든 아이콘을 '끔'으로 설정하였기 때문에 숨겨져서 보이는 것입니다.
>
> 
>

혼자서 뚝딱 뚝딱!

 **뚝딱 1**

작업 표시줄 설정에서 [알림 영역] 항목의 '시스템 아이콘 켜기 또는 끄기'를 선택한 후 작업 표시줄에 '시계'가 나오지 않도록 설정해 봅시다.

📂 불러올 파일 : 없음　💾 완성된 파일 : 없음

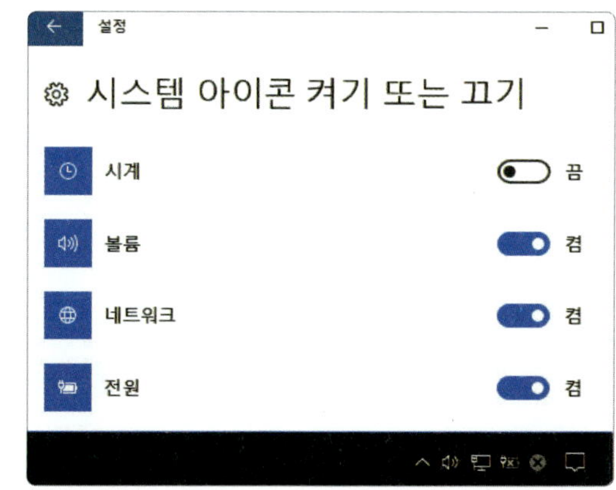

 **뚝딱 2**

윈도우 바탕화면에 [그림판] 앱의 바로 가기 아이콘을 만들어 봅시다.

📂 불러올 파일 : 없음　💾 완성된 파일 : 없음

① [시작] 메뉴에서 [Windows 보조프로그램]을 클릭합니다.

② [그림판] 앱 위에서 마우스 오른쪽 버튼을 눌러 [자세히]-[파일 위치 열기]를 클릭합니다.

③ [파일 탐색기]가 실행되면 '그림판' 아이콘 위에서 마우스 오른쪽 버튼을 눌러 [보내기]-[바탕 화면에 바로 가기 만들기]를 클릭합니다.

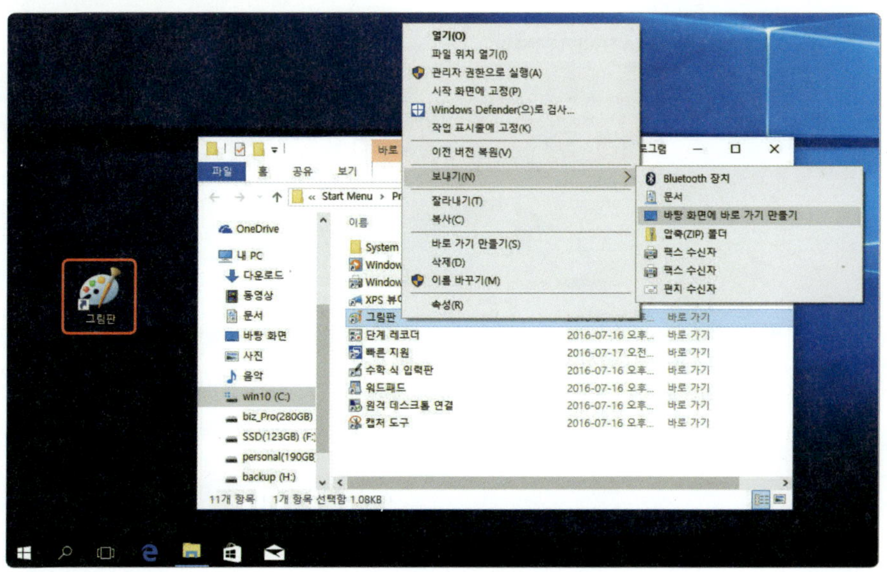

11

새로운 웹 브라우저 마이크로소프트 엣지!

완성 작품 미리보기

📂 불러올 파일 : 없음　　🟩 완성된 파일 : 없음

▶ [한컴 타자연습] 앱으로 '낱말연습 5단계'를 연습합니다.

▶ 마이크로소프트 엣지의 화면 구성에 대해 알아봅시다.

▶ 주소 표시줄에 사이트 주소 및 검색어를 입력하여 찾아가 봅시다.

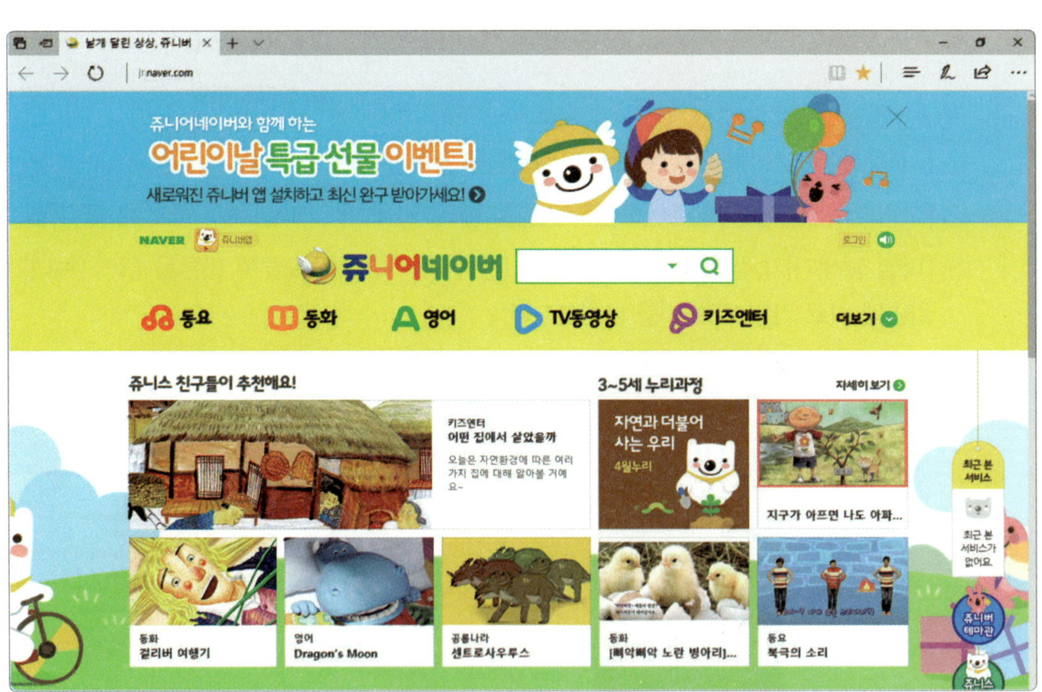

[소스 파일]-[키보드 송]-[11_키보드 송(낱말연습 5단계)]를 더블 클릭하여 노래를 불러봅니다.

오늘의 타자 연습　낱말연습 5단계

[한컴 타자연습] 앱을 실행한 후 [**낱말연습**]-[**5단계**]를 연습합니다.

❶ 방법 1 : [작업 표시줄]에서 [Microsoft Edge] 아이콘()을 클릭합니다.

❷ 방법 2 : [시작] 단추(■)를 클릭한 후 [Microsoft Edge]를 클릭하거나, 타일 앱에서 [Microsoft Edge]를 클릭합니다.

❸ 방법 3 : [Windows 검색] 칸에 'Microsoft Edge'를 입력한 후 검색된 [Microsoft Edge]를 클릭합니다.

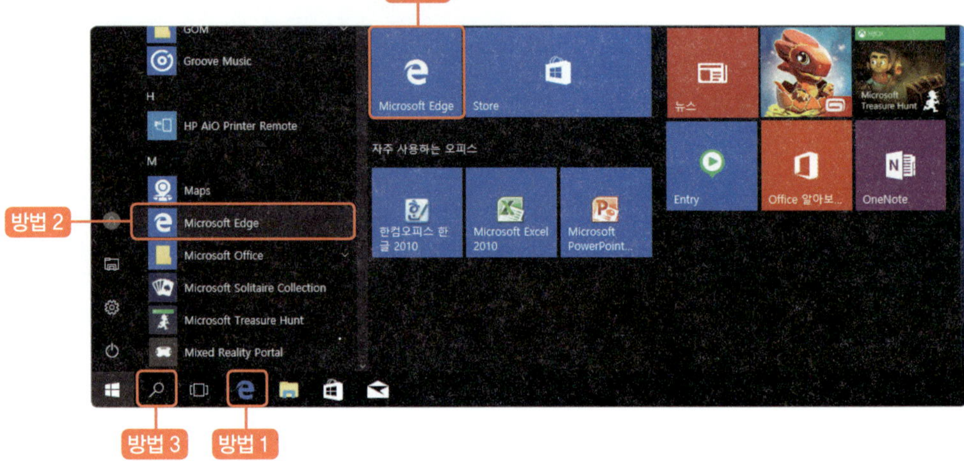

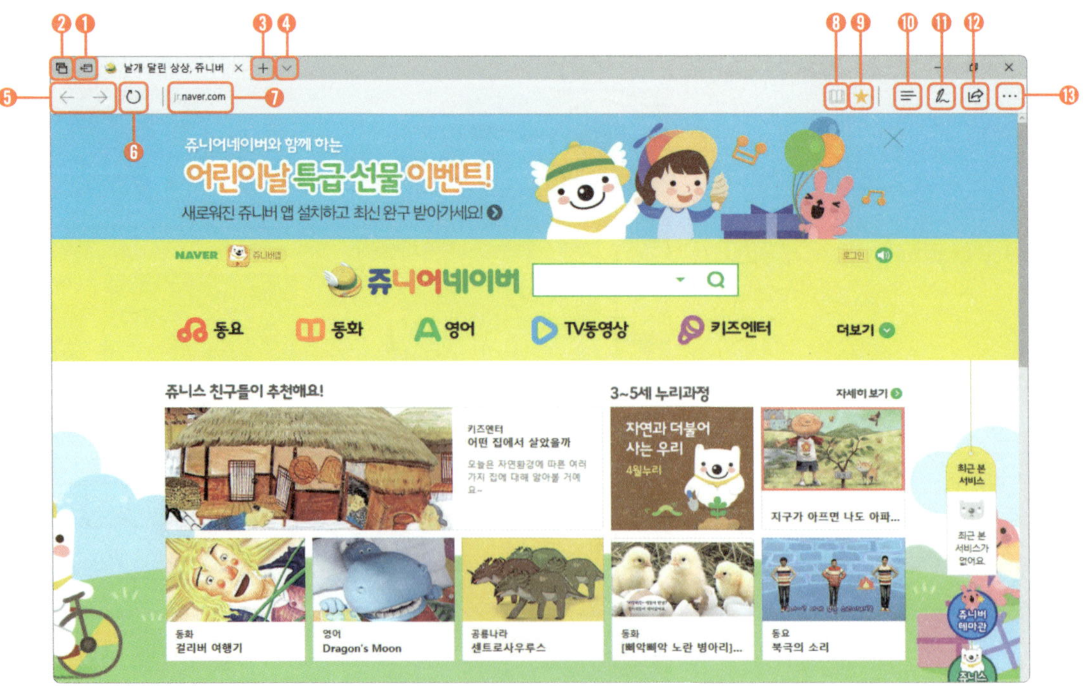

❶ 이러한 탭 보관(⎄) : 여러 개의 탭을 열어 놓은 상태에서 나중에 사용할 탭들을 보관할 수 있습니다.

❷ 보관된 탭(▣ / ▣) : [이러한 탭 보관(⎄)]으로 보관한 탭들을 원래 상태로 복원할 수 있습니다. 복원할 탭들이 보관되어 있는 경우에는 아이콘 모양이 '검은색(▣)'으로 나타납니다.

❸ 새 탭(+) : 새로운 탭을 활성화시켜서 원하는 웹 페이지로 이동할 수 있습니다.

❹ 탭 미리 보기 표시(⌄) : 현재 실행 중인 모든 탭을 작은 화면으로 한꺼번에 미리 볼 수 있습니다.

❺ 뒤로/앞으로(← →) : 현재 페이지를 기준으로 '이전 페이지'와 '다음 페이지'로 이동합니다.

❻ 새로 고침(↻) : 현재 보고 있는 페이지의 정보를 새로 가져옵니다.

❼ 주소 표시줄 : 현재 활성화된 사이트의 주소가 표시되며, 다른 사이트의 주소를 입력한 후 Enter 키를 누르면 해당 사이트로 이동할 수 있습니다.

❽ 읽기용 보기(▥) : 현재 보고 있는 웹 사이트 화면을 '읽기 전용 화면(광고 및 배너 제거)'으로 보여줍니다.

❾ 즐겨찾기 또는 읽기 목록에 추가(☆) : 현재 활성화된 사이트를 즐겨찾기 또는 읽기 목록에 추가할 수 있습니다. 즐겨찾기에 이미 추가된 사이트는 노란색 별(★)로 표시가 됩니다.

❿ 허브(≡) : '즐겨찾기, 읽기 목록, 검색 기록, 다운로드 목록'을 한 곳에서 확인할 수 있습니다.

⓫ 웹 메모 작성(✎) : 현재 활성화된 웹 페이지에 '볼펜, 형광펜, 지우개, 메모, 캡처' 등을 이용하여 웹 페이지 위에 간단한 메모를 작성한 후 저장할 수 있습니다.

⓬ 공유(⇪) : 현재 활성화된 웹 페이지를 '페이스북, 원노트, 트위터, 메일' 등으로 공유할 수 있습니다.

⓭ 설정(⋯) : 마이크로소프트 엣지의 세부적인 기능을 설정할 수 있습니다.

주소 표시줄에 사이트 주소 및 검색어를 입력하여 찾아가 봅시다.

❶ '주소 및 검색 입력 칸'에 www.naver.com를 입력한 후 **Enter** 키를 누릅니다.

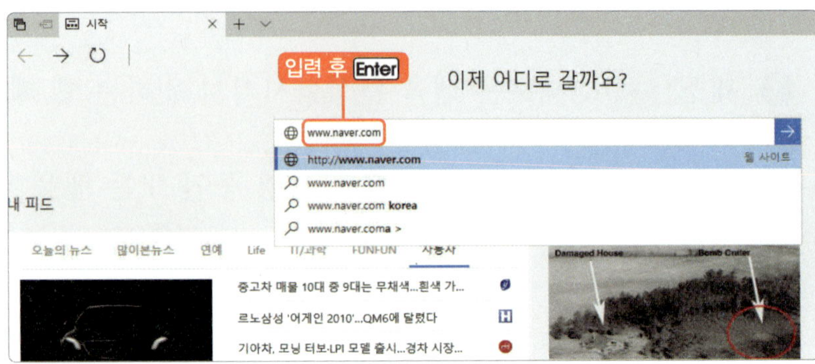

❷ 네이버 페이지로 이동되면 [새 탭(➕)]을 클릭하여 '주소 및 검색 입력 칸'에 **쥬니어네이버**를 입력한 후 **Enter** 키를 누릅니다.

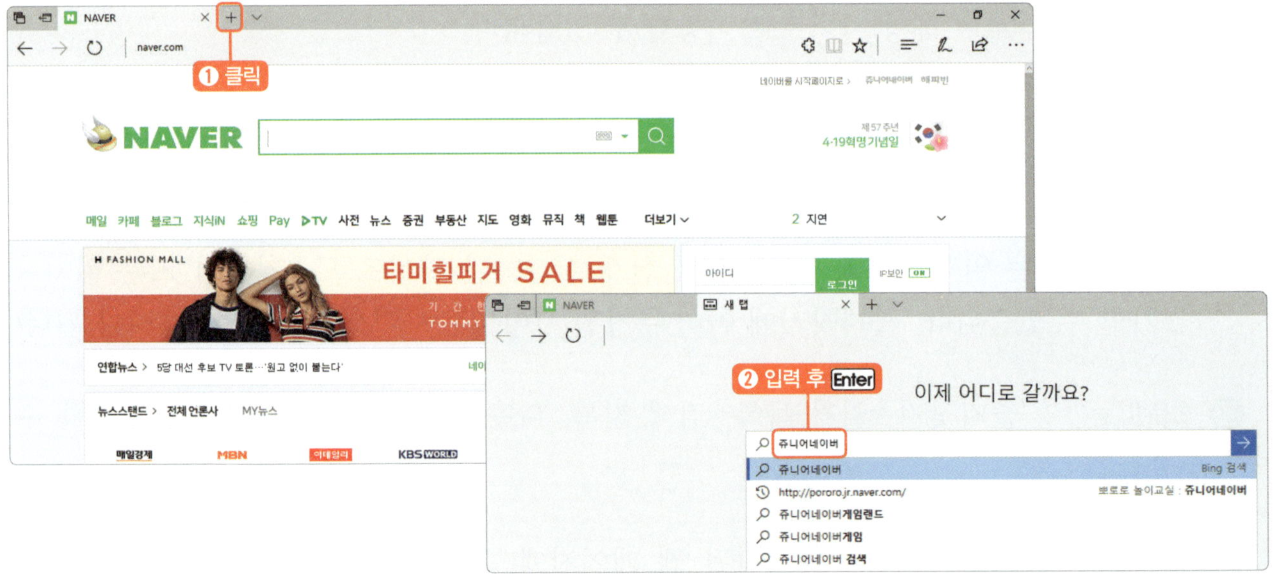

❸ '쥬니어네이버'가 검색되어 나오면 **날개 달린 상상 쥬니버**를 클릭하여 해당 사이트에 접속합니다.

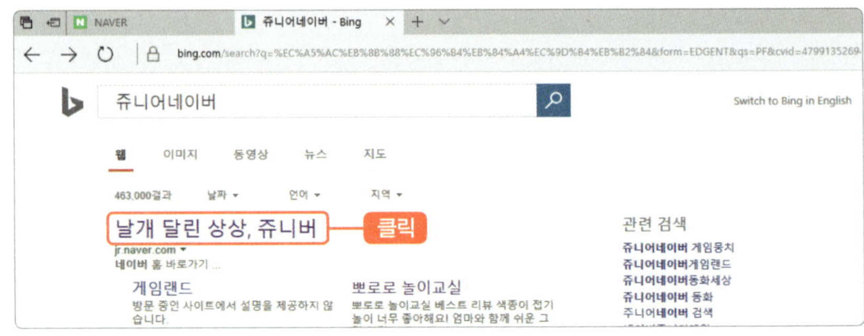

혼자서 뚝딱 뚝딱!

구글 크롬을 실행한 후 주소 입력 칸에 www.naver.com를 입력하여 네이버 웹 사이트로 이동해 보세요.

📂 불러올 파일 : 없음   💾 완성된 파일 : 없음

① [시작] 단추(⊞)를 클릭한 후 [Chrome]를 클릭하여 구글 크롬을 실행합니다.

※ 구글 크롬이 설치되지 않은 컴퓨터는 네이버에서 '구글 크롬'을 검색하여 설치합니다.

② 구글 크롬이 실행되면 주소 입력 칸에 'www.naver.com'을 입력한 후 **Enter** 키를 누릅니다.

구글 크롬의 검색 입력 칸에 '쥬니어네이버'를 입력하여 검색한 후 해당 사이트로 이동해 보세요.

📂 불러올 파일 : 없음   💾 완성된 파일 : 없음

① 구글 크롬을 종료한 후 다시 실행 합니다.

② 구글 크롬 검색 칸에 '쥬니어네이버'를 입력한 후 **Enter** 키를 누릅니다.

③ 검색 결과가 나오면 '쥬니어네이버'를 클릭하여 해당 사이트를 확인합니다.

웹 페이지 이동 및 엣지 테마 변경

📁 불러올 파일 : 없음　📗 완성된 파일 : 없음

▶ [한컴 타자연습] 앱으로 '자리연습 6단계'를 연습합니다.

▶ 웹 페이지를 이전에 페이지로 이동하거나 앞 페이지로 이동해 봅시다.

▶ 엣지 화면을 눈의 피로가 적은 어두운 화면으로 변경해 봅시다.

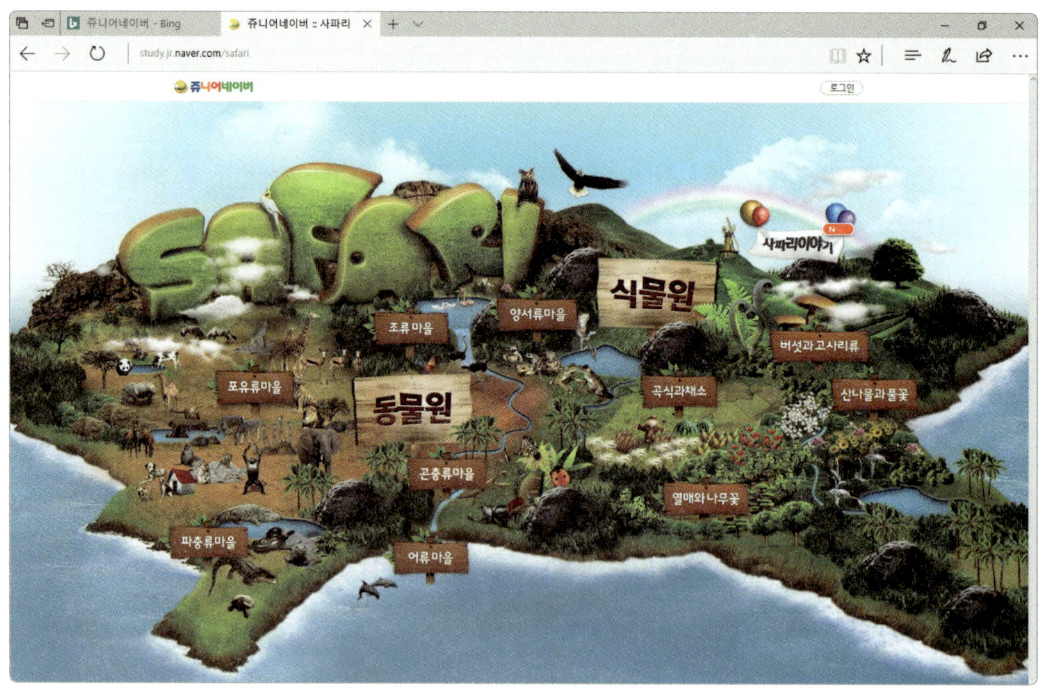

 자리연습 6단계

[소스 파일]-[키보드 송]-[12_키보드 송(자리연습 6단계)]를 더블 클릭하여 노래를 불러봅니다.

 자리연습 6단계

[한컴 타자연습] 앱을 실행한 후 [자리연습]-[6단계]를 연습합니다.

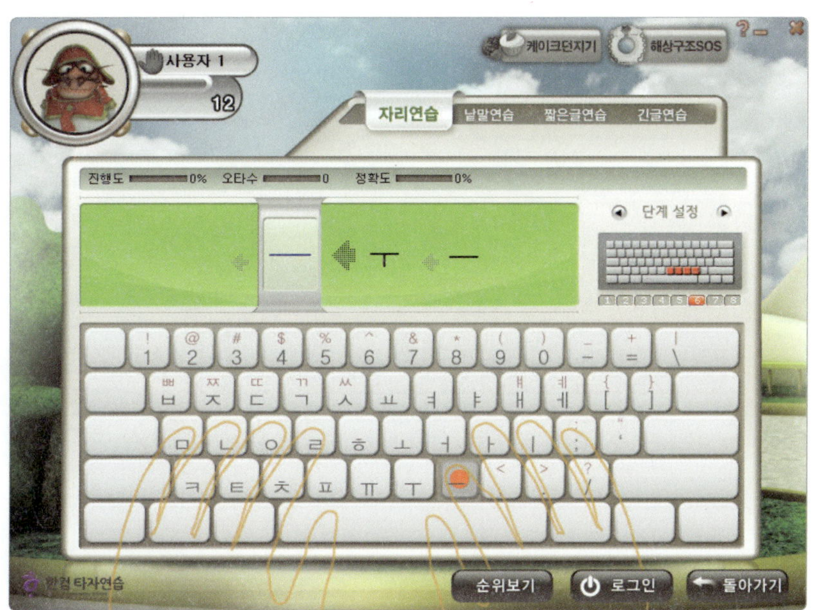

웹 페이지를 이전 페이지로 이동하거나 앞 페이지로 이동해 봅시다.

❶ [시작] 메뉴 또는 [작업 표시줄]을 이용하여 [Microsoft Edge]를 실행합니다. '주소 및 검색 입력 칸' jr.naver.com을 입력한 후 **Enter** 키를 누릅니다.

※ 영어 입력이 어려운 경우에는 '쥬니어네이버'로 검색하여 해당 사이트로 이동합니다.

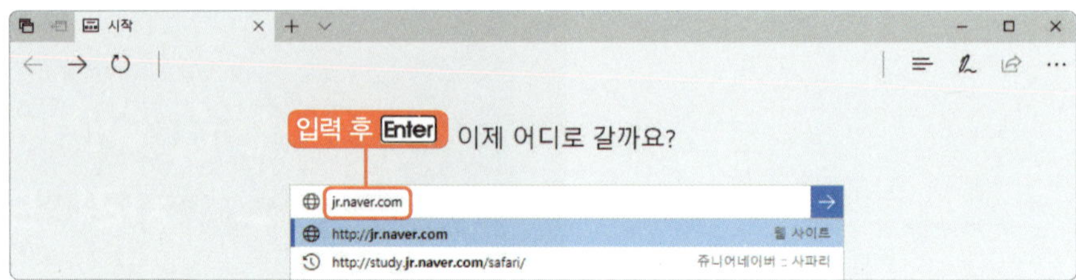

❷ '쥬니어네이버' 웹 사이트가 열리면 스크롤바를 맨 아래쪽으로 내려서 **사파리**를 클릭합니다.

❸ '사파리' 웹 페이지가 열리면 **포유류마을**을 클릭한 후 '포유류마을' 웹 페이지에서 **한국호랑이**를 선택합니다.

❹ '한국 호랑이'에 관련된 동영상을 확인 후 [뒤로] 단추(←)를 클릭하여 '포유류마을' 메인 페이지로 이동합니다.

※ '포유류마을' 페이지에서 다시 한 번 [뒤로] 단추(←)를 클릭하면 '사파리' 메인 페이지로 이동합니다.

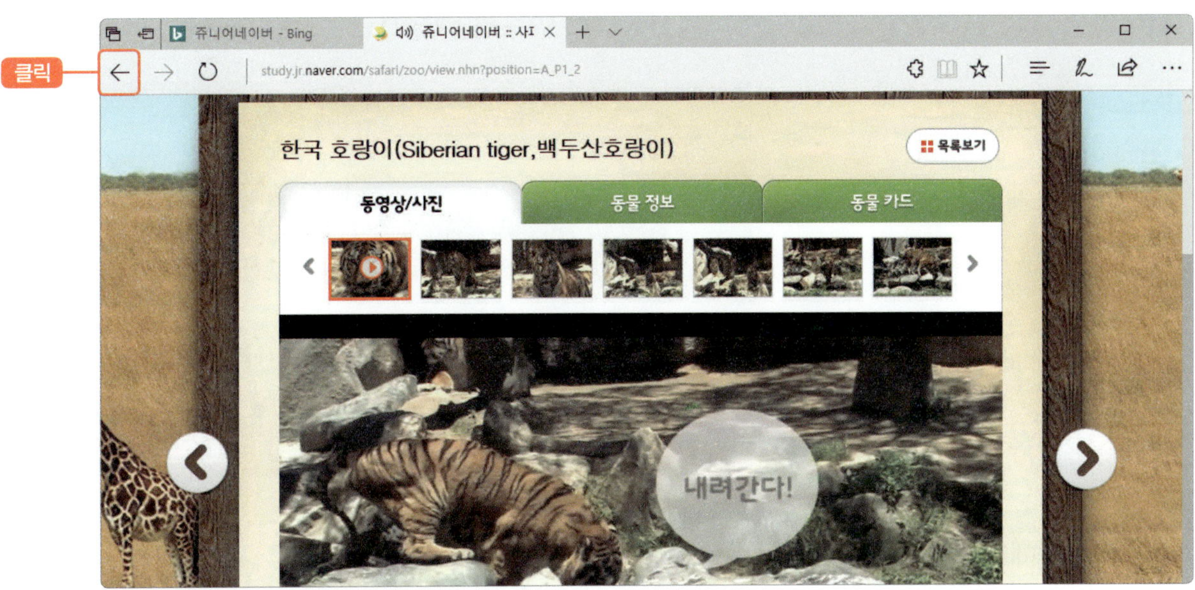

❺ '포유류마을' 메인 페이지에서 [앞으로] 단추(→)를 클릭하여 다시 '한국 호랑이' 페이지로 이동합니다.

※ 뒤로/앞으로(← →) : 현재 페이지를 기준으로 '이전 페이지'와 '다음 페이지'로 이동합니다.

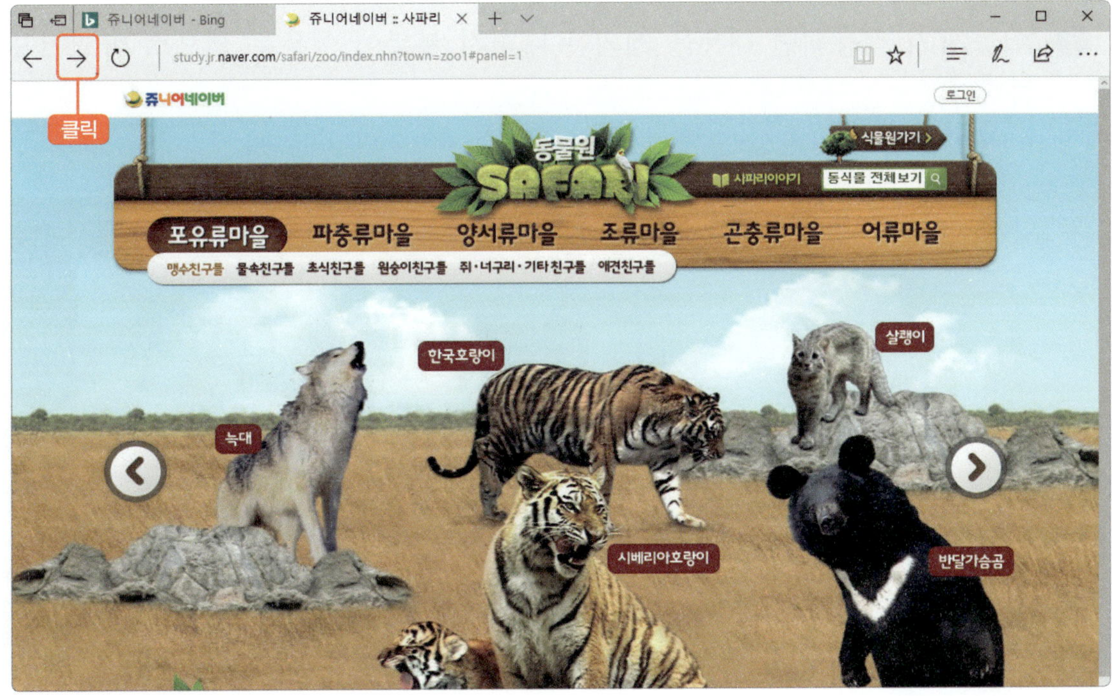

❶ 화면 오른쪽 위에 있는 [설정(···)]을 클릭한 후 [설정]을 선택합니다.

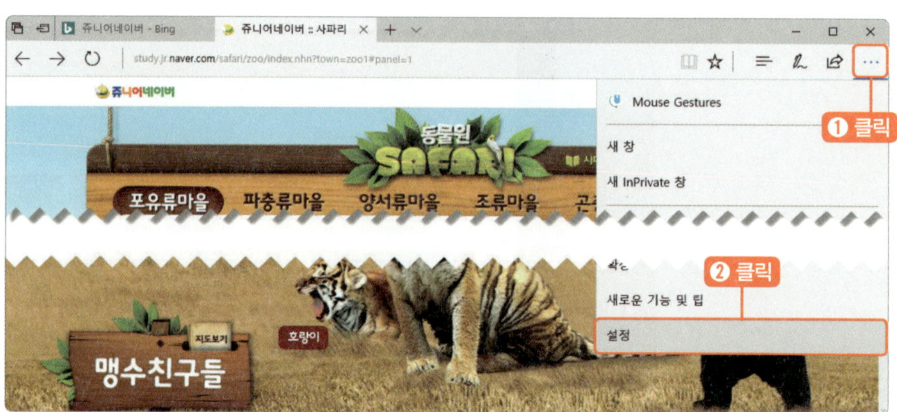

❷ [설정]에서 '테마 선택' 항목을 클릭한 후 **어둡게**를 선택합니다.

❸ '어둡게'가 적용되면 내용을 제외한 나머지 부분이 어두운 색으로 바뀌어 눈의 피로를 줄여 줍니다.

※ [설정]에서 [테마 선택] 항목을 [밝게]로 변경하면 원래 색으로 되돌아옵니다

혼자서 뚝딱 뚝딱!

 **뚝딱 1**

[쥬니어네이버] 탭을 제외한 나머지 모든 탭을 한 번에 닫아보세요.

📂 불러올 파일 : 없음　💾 완성된 파일 : 없음

① 새 탭(+)을 이용하여 '다음(www.daum.net)', '네이버(www.naver.com)', '쥬니버(jr.naver.com)' 웹 사이트를 엽니다.

② [쥬니어네이버] 탭 위에서 마우스 오른쪽 버튼을 눌러 [다른 탭 닫기]를 클릭합니다.

※ 탭 오른쪽의 '닫기(×)'를 클릭하면 해당 탭을 개별적으로 닫을 수 있습니다.

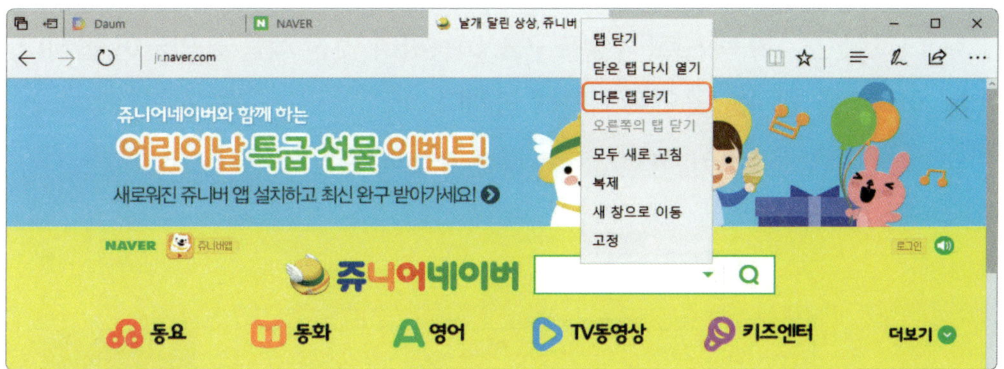

 **뚝딱 2**

엣지 화면의 크기를 확대시킨 후 축소시켜 보세요.

📂 불러올 파일 : 없음　💾 완성된 파일 : 없음

① 화면 오른쪽 위에 있는 [설정(⋯)]을 클릭합니다.

② 확대/축소에서 + 를 클릭하여 화면을 확대합니다.

③ 확대/축소에서 − 를 클릭하여 화면을 축소합니다.

※ Ctrl 키를 누른 채 '+'를 누르면 확대 / '−'를 누르면 축소됩니다.

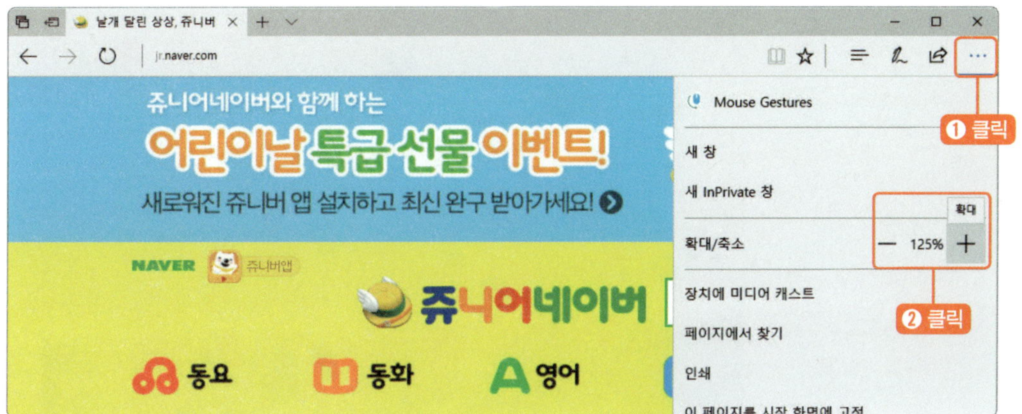

그림판 배우기2

 **완성 작품 미리보기**

📁 불러올 파일 : 누구1, 해변   🖼 완성된 파일 : 노란새 완성, 해변 완성

▶ [한컴 타자연습] 앱으로 '낱말연습 6단계'를 연습합니다.

▶ 다각형(△)과 텍스트(A) 도구를 이용하여 멋진 작품을 만들어 봅시다.

▶ 이미지를 원하는 곳으로 복사해 봅시다.

[소스 파일]–[키보드 송]–[13_키보드 송(낱말연습 6단계)]를 더블 클릭하여 노래를 불러봅니다.

오늘의 타자 연습   낱말연습 6단계

[한컴 타자연습] 앱을 실행한 후 [낱말연습]–[6단계]를 연습합니다.

 **1** 다각형( ) 도구를 이용하여 멋진 작품을 만들어 봅시다.

❶ [시작] 단추( )를 클릭한 후 [Windows 보조프로그램]–[그림판]을 클릭합니다.

❷ [그림판] 앱이 실행되면 [파일]–[열기]를 클릭합니다. [열기] 창이 나오면 [소스 파일]–[불러올 파일]–[그림판2] 폴더에서 **누구1**을 선택한 후 〈열기〉를 클릭합니다.

❸ '누구1' 이미지 파일이 열리면 [홈] 탭의 [도형] 그룹에서 **다각형( )**을 선택한 후 '크기 **(8px)**와 색**(황금색)**'을 지정합니다. 이어서, 알파벳 순서대로(A–B, B–C, C–D...) 마우스 왼쪽 버튼을 누른 채 드래그하여 선을 연결합니다.

※ 모든 선이 연결되면 흰색 바탕을 클릭하여 선택을 해제합니다.

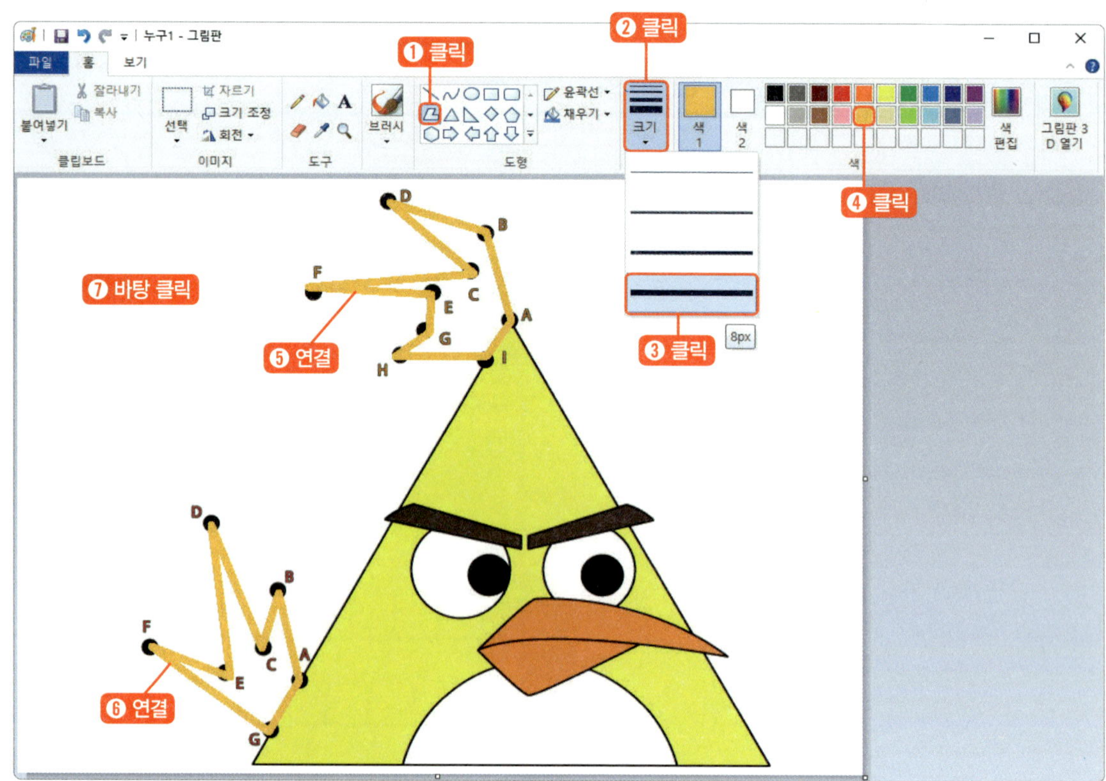

2 텍스트(A) 도구를 이용하여 글자를 입력해 봅시다.

❶ [홈] 탭의 [도구] 그룹에서 **텍스트(A)**를 선택한 후 아무 것도 없는 오른쪽 윗부분을 클릭합니다.

❷ [텍스트] 탭의 [글꼴] 그룹에서 **글꼴–한컴 바겐세일 B, 글꼴 크기–26**으로 지정한 후 [색] 그룹에서 **주황**을 선택합니다.
※ 글꼴이 없을 경우 원하는 글꼴을 선택합니다.

❸ '이름 : 화난 노란새'로 텍스트를 입력한 후 빈 공간을 클릭하여 입력을 종료합니다.

❹ 모든 작업이 끝나면 [파일]–[다른 이름으로 저장]을 클릭하여 '노란새 완성'으로 저장합니다.

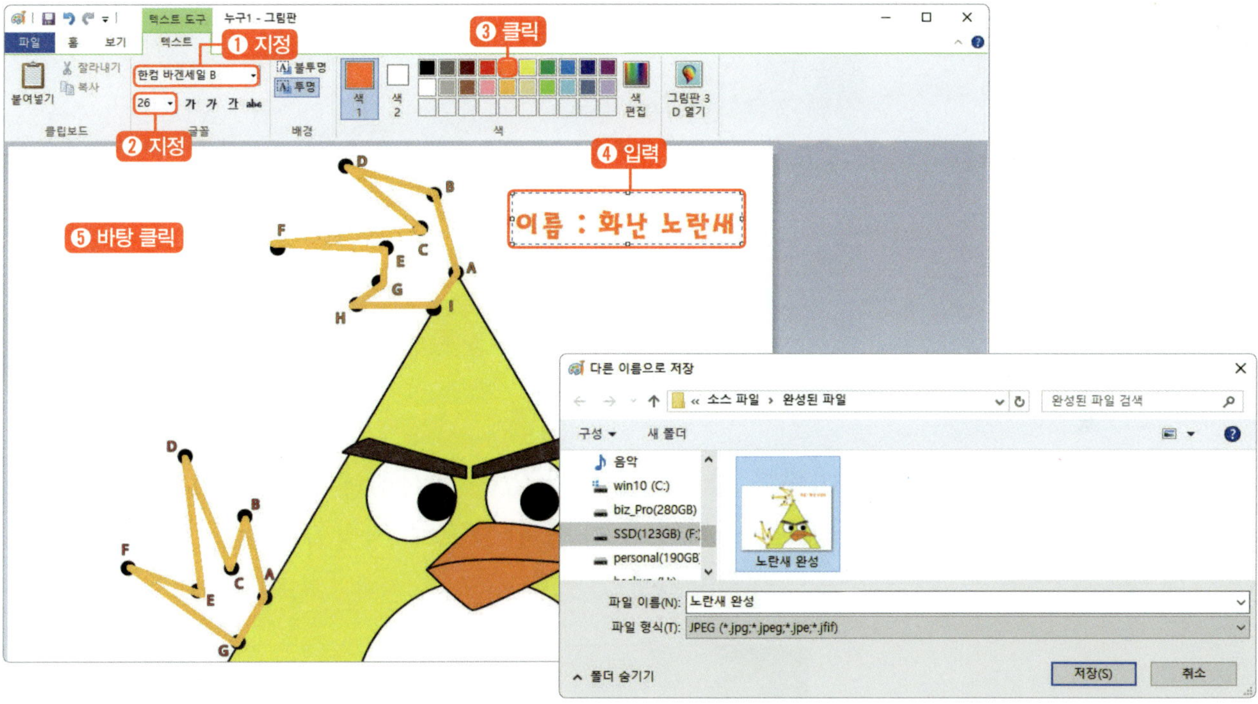

Tip · **텍스트 박스 위치 변경 및 크기 조절**

❶ 글자 입력 후 마우스 커서를 '박스 점선 위'로 이동시켜 원하는 위치로 끌어다 놓으면 텍스트 박스의 위치를 변경할 수 있습니다.

❷ '8개의 조절점' 중에서 크기를 조절 할 곳에 마우스 커서를 이동시킨 후 드래그하면 박스의 크기를 조절할 수 있습니다.

❶ [그림판] 앱에서 [파일]–[열기]를 클릭합니다. [열기] 창이 나오면 [소스 파일]–[불러올 파일]–[그림판2] 폴더에서 **해변**을 선택한 후 〈열기〉를 클릭합니다.

❷ '해변' 이미지 파일이 열리면 [홈] 탭의 [이미지] 그룹에서 **선택(□)**을 클릭한 후 복사할 부분을 드래그하여 선택합니다. **Ctrl** 키를 누른 채 선택된 영역을 원하는 위치로 드래그하여 이미지를 복사합니다.

※이미지를 드래그할 때 바다 배경에 맞추어서 드래그합니다.

❸ 똑같은 방법으로 아래 이미지를 참고하여 비어 있는 백사장에 원하는 이미지들을 복사한 후 [파일]–[다른 이름으로 저장]을 클릭하여 '해변 완성'으로 저장합니다.

※ 선택 을 클릭한 후 선택 도형을 '⟳ 자유형으로 선택(F) '으로 변경하면 영역 선택을 자유롭게 할 수 있습니다.

 **뚝딱 1** 다각형(△)과 텍스트(A) 도구를 이용하여 이미지를 완성시키세요.

📁 불러올 파일 : 누구2   📗 완성된 파일 : 초록 돼지 완성

① 다각형 크기(8px), 색(라임)

② 텍스트 입력 : '이름 : 초록 돼지'(글꼴, 글꼴 크기, 색, 위치는 자유)

뚝딱 2 선택(□) 도구로 위쪽의 꽃들을 복사하여 신발 아래쪽 부분에 붙여 넣으세요.

📁 불러올 파일 : 꽃길   📗 완성된 파일 : 꽃길 완성

14 기본 사이트 변경 및 웹 사이트 관리하기

완성 작품 미리보기

📂 불러올 파일 : 없음　💾 완성된 파일 : 없음

▶ [한컴 타자연습] 앱으로 '자리연습 7단계'를 연습합니다.

▶ 마이크로소프트 엣지의 기본 사이트를 변경해 봅시다.

▶ 새 탭을 열었을 때 주요 사이트가 보이도록 설정해 봅시다.

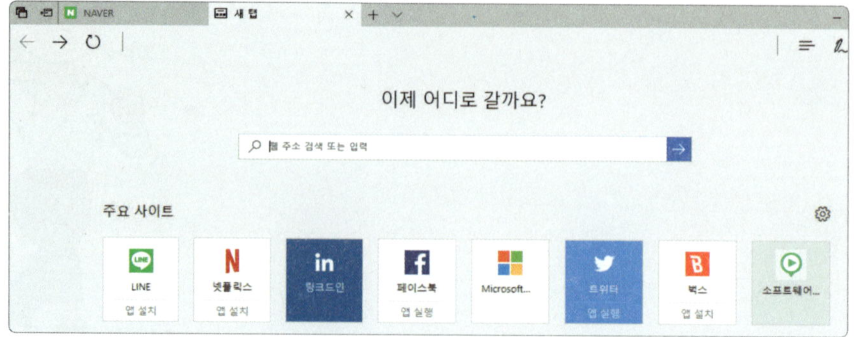

[소스 파일]–[키보드 송]–[14_키보드 송(자리연습 7단계)]를 더블 클릭하여 노래를 불러봅니다.

[한컴 타자연습] 앱을 실행한 후 [자리연습]–[7단계]를 연습합니다.

1 마이크로소프트 엣지의 기본 사이트를 변경해 봅시다.

❶ [시작] 메뉴 또는 [작업 표시줄]을 이용하여 [Microsoft Edge]를 실행한 후 화면 오른쪽 위에 있는 [설정(⋯)]을 클릭하여 [설정]을 선택합니다.

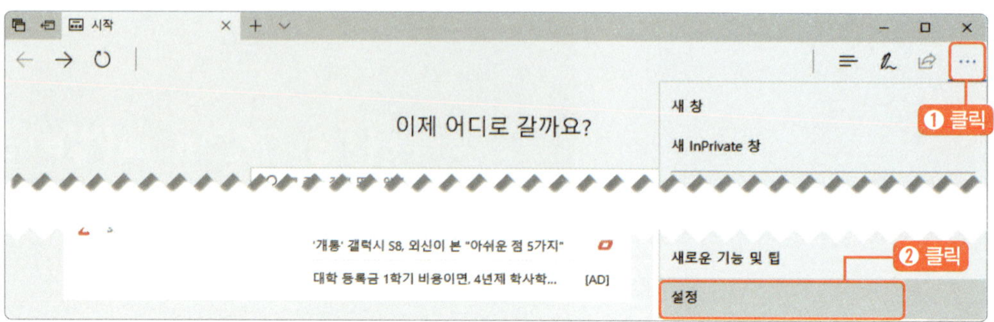

❷ 여러 가지 [설정] 항목 중에서 '다음 프로그램으로 Microsoft Edge 열기' 항목의 **시작 페이지**를 클릭하여 **특정 페이지**를 선택합니다. 이어서, 'URL 입력' 칸에 www.naver.com을 입력한 후 **Enter** 키를 누릅니다.

※ '다음 프로그램으로 Microsoft Edge 열기' 항목의 기본 페이지는 '시작 페이지'입니다.

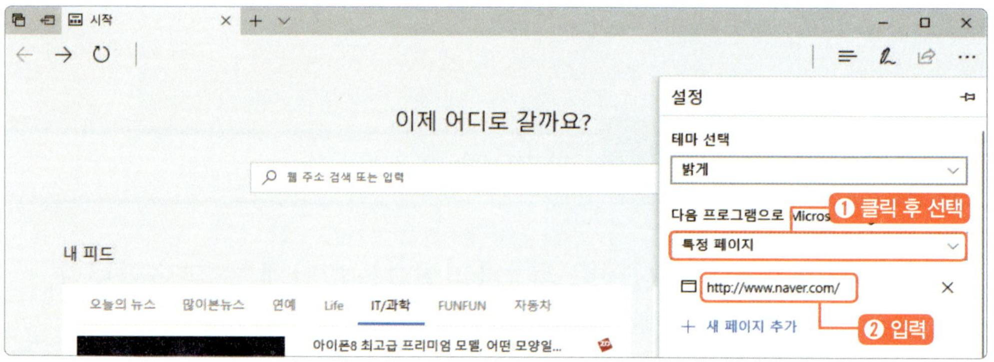

❸ [닫기] 단추(×)를 클릭하여 [Microsoft Edge]를 종료한 후 다시 실행합니다. [설정]에서 특정 페이지로 지정한 **네이버 웹 사이트**가 열리는 것을 확인합니다.

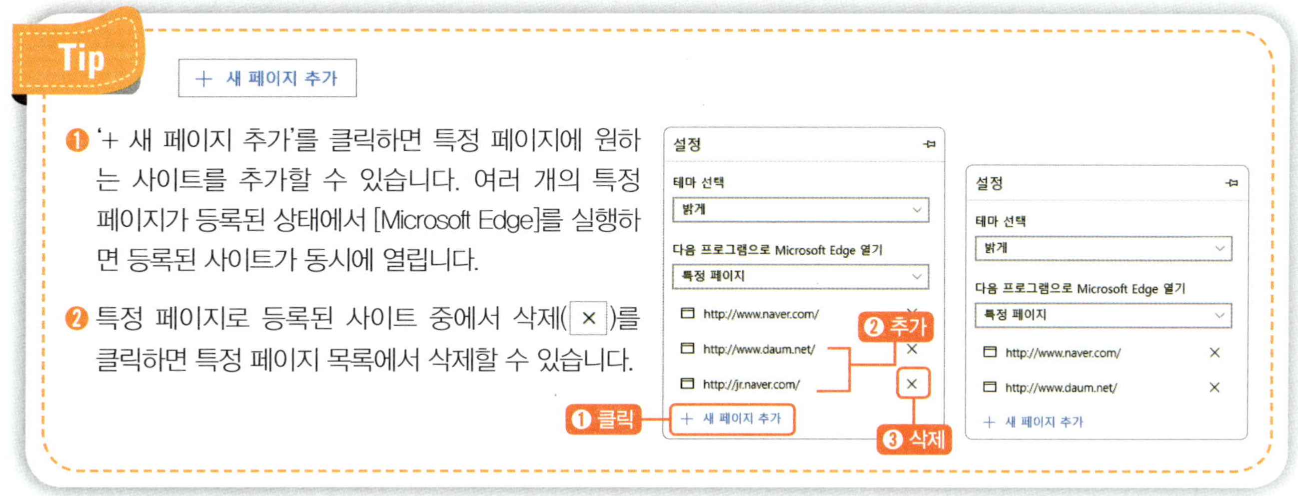

❶ '+ 새 페이지 추가'를 클릭하면 특정 페이지에 원하는 사이트를 추가할 수 있습니다. 여러 개의 특정 페이지가 등록된 상태에서 [Microsoft Edge]를 실행하면 등록된 사이트가 동시에 열립니다.

❷ 특정 페이지로 등록된 사이트 중에서 삭제(×)를 클릭하면 특정 페이지 목록에서 삭제할 수 있습니다.

2 새 탭을 열었을 때 주요 사이트가 보이도록 설정해 봅시다.

❶ 네이버가 열려 있는 상태에서 [새 탭(+)]을 클릭합니다. [새 탭]이 열리면 **주요 사이트 보기**를 클릭합니다.

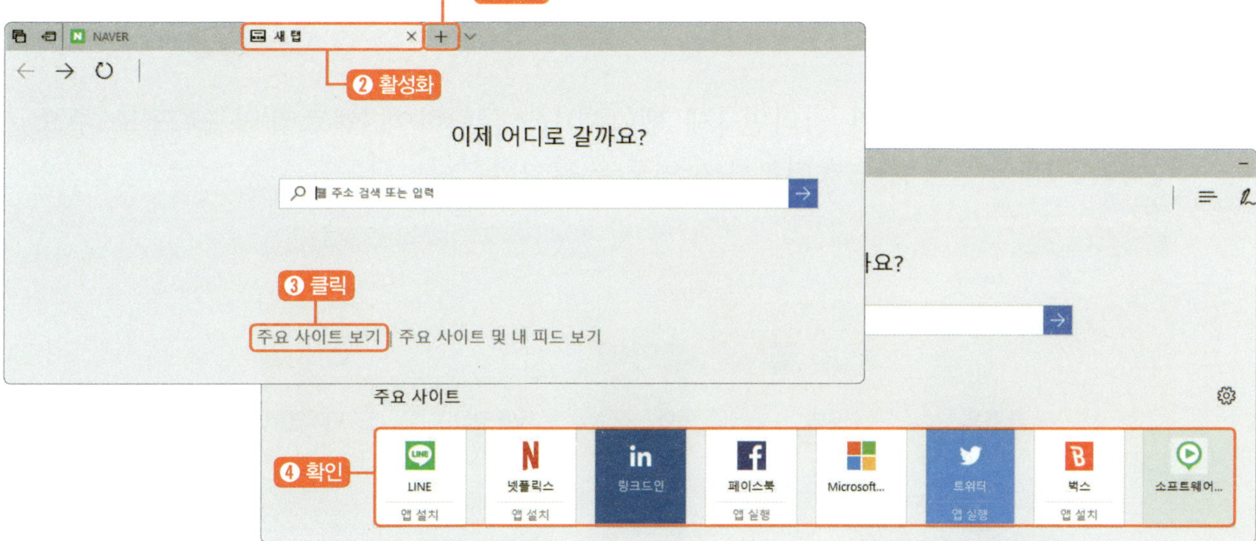

❷ 주요 사이트 목록이 나오면 불필요한 사이트는 마우스 오른쪽 버튼을 눌러 [제거]를 클릭합니다.

※ 삭제할 사이트 위에 마우스 포인트를 이동시킨 후 '이 사이트 제거(×)'를 클릭해도 삭제할 수 있습니다.

❸ [사이트 추가(+)]를 클릭한 후 **웹 사이트 또는 URL 추가** 칸에 추가할 사이트 주소를 입력한 후 **Enter** 키를 누릅니다.

❹ 똑같은 방법으로 자주 사용하는 사이트 주소 3개를 등록한 후 '쥬니어네이버'를 클릭합니다.
– **쥬니어네이버** : jr.naver.com / **엔트리** : playentry.org / **코드** : code.org
※ 추가할 칸이 없을 경우 '주요 사이트' 목록에서 사이트를 제거한 후 추가합니다.

❺ '쥬니어네이버' 사이트가 열리면 [새 탭(+)]을 클릭하여 '엔트리'와 '코드'도 주요 사이트 목록을 이용하여 똑같은 방법으로 사이트를 활성화시킵니다.

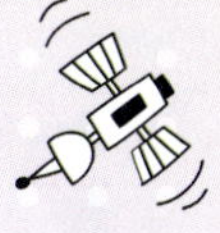

 **뚝딱 1**

[새 탭(+)]을 클릭했을 때 주요 사이트가 아닌 '빈 페이지'가 나오게 설정하시오.

📁 불러올 파일 : 없음　💾 완성된 파일 : 없음

① [Microsoft Edge]를 실행한 후 [새 탭(+)]을 클릭합니다. [새 탭]이 열리면 **사용자 지정(⚙)**을 클릭합니다.

② '새 탭 페이지용 페이지 표시 설정' 항목에서 '빈 페이지'를 선택한 후 〈저장〉을 클릭합니다.

③ [새 탭(+)]을 클릭하여 빈 페이지가 나오는지 확인합니다.

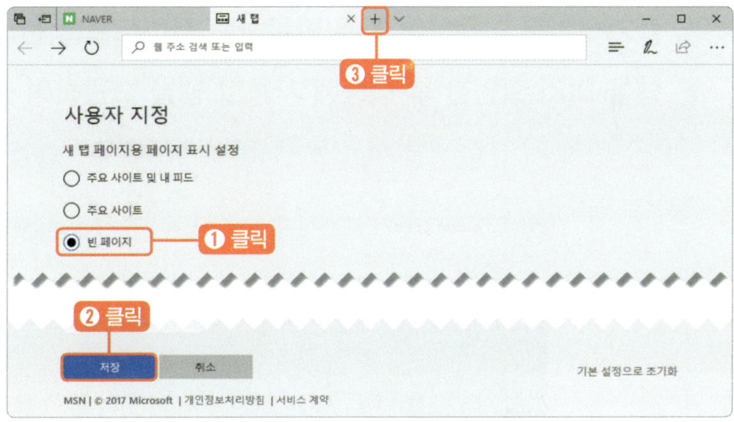

 **뚝딱 2**

[새 탭(+)]을 클릭했을 때 '주요 사이트 및 내 피드'가 나오도록 설정하시오.

📁 불러올 파일 : 없음　💾 완성된 파일 : 없음

① 빈 페이지 화면에서 '주요 사이트 및 내 피드'를 선택합니다.

② '사용자 지정(⚙)'을 클릭한 후 '정보 카드'와 '관심 주제'를 선택한 후 〈저장〉을 클릭합니다.

15 즐겨찾기 추가 및 열려 있는 탭 보관하기

완성 작품 미리보기

📁 불러올 파일 : 없음　📗 완성된 파일 : 없음

▶ [한컴 타자연습] 앱으로 '낱말연습 7단계'를 연습합니다.

▶ 즐겨찾기를 이용하여 자주 방문하는 사이트들을 관리해 봅시다.

▶ 탭을 미리 확인한 후 나중에 사용할 탭을 보관하여 관리해 봅시다.

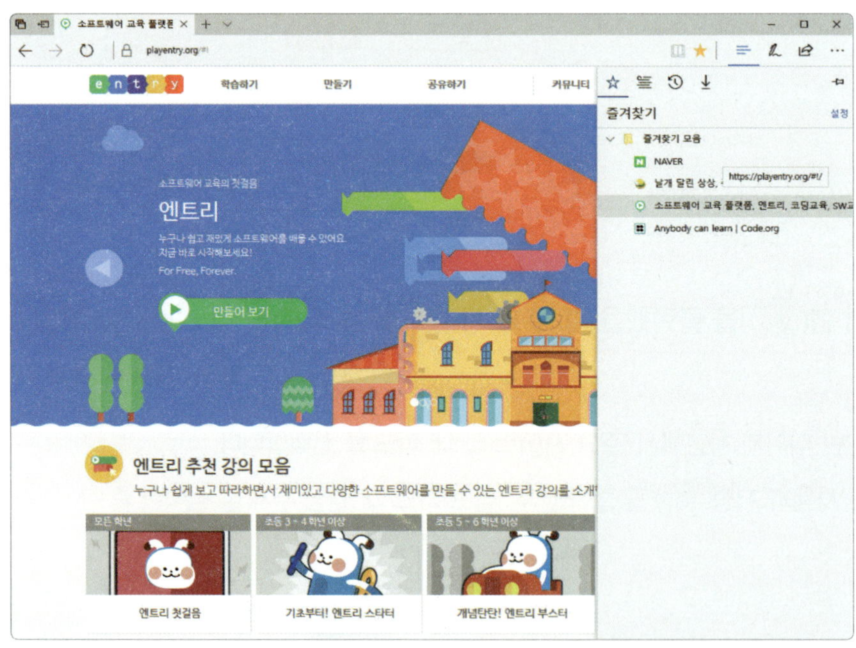

[소스 파일]-[키보드 송]-[15_키보드 송(낱말연습 7단계)]를 더블 클릭하여 노래를 불러봅니다.

오늘의 타자 연습 낱말연습 7단계

[한컴 타자연습] 앱을 실행한 후 [낱말연습]-[7단계]를 연습합니다.

즐겨찾기를 이용하여 자주 방문하는 사이트들을 관리해 봅시다.

❶ [시작] 메뉴 또는 [작업 표시줄]을 이용하여 [Microsoft Edge]를 실행합니다. '주소 및 검색 입력' 칸에 www.naver.com을 입력한 후 Enter 키를 누릅니다.

❷ 네이버 사이트로 이동되면 [즐겨찾기 또는 읽기 목록에 추가(☆)]를 클릭합니다. [즐겨찾기] 창이 나오면 '즐겨찾기'가 선택된 상태에서 **이름**과 **저장 위치**를 지정한 후 〈추가〉를 클릭합니다.

※ '새 폴더 만들기'를 클릭하여 폴더별로 즐겨찾기 목록을 관리할 수도 있습니다.

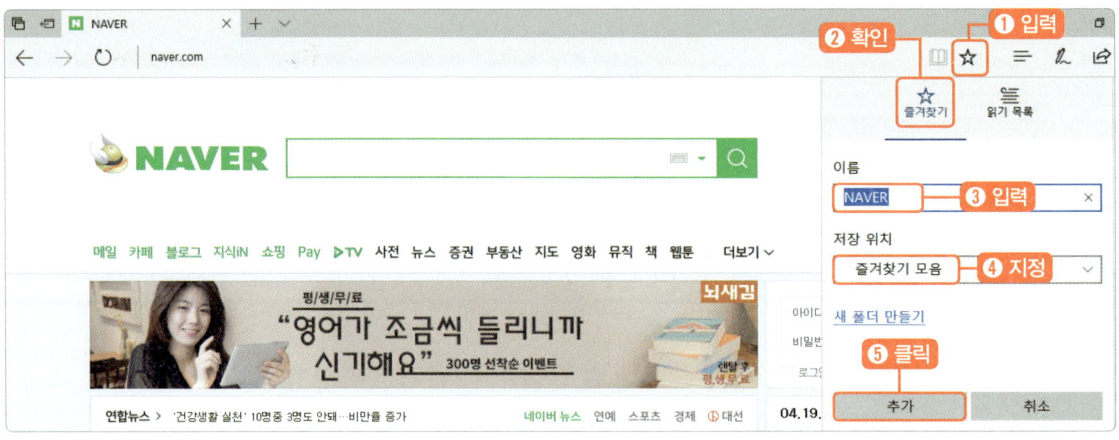

❸ 즐겨찾기 목록을 확인하기 위하여 [허브(≡)]를 클릭한 후 [즐겨찾기(☆)]를 선택합니다. 이어서, [즐겨찾기 모음] 폴더를 클릭하여 '네이버'가 추가되었는지 확인합니다.

※ 해당 사이트가 즐겨찾기에 추가되면 [즐겨찾기 또는 읽기 목록에 추가] 아이콘 색상이 '노란색(★)'으로 바뀝니다. 즉, 즐겨찾기 목록에 있다는 것을 의미합니다.

4 똑같은 방법으로 자주 사용하는 사이트 주소 3개를 즐겨찾기에 추가합니다. 단, 즐겨찾기 추가 위치(기본, 즐겨찾기 모음 등)는 새로운 폴더를 만들거나 기본 위치에 추가할 경우 교재와 다를 수 있습니다.

- 쥬니어네이버 : jr.naver.com / 엔트리 : playentry.org / 코드 : code.org

※ 즐겨찾기 삭제 : 네이버 위에서 마우스 오른쪽 버튼을 눌러 [삭제]를 클릭하면 즐겨찾기 목록에서 네이버를 삭제할 수 있습니다.

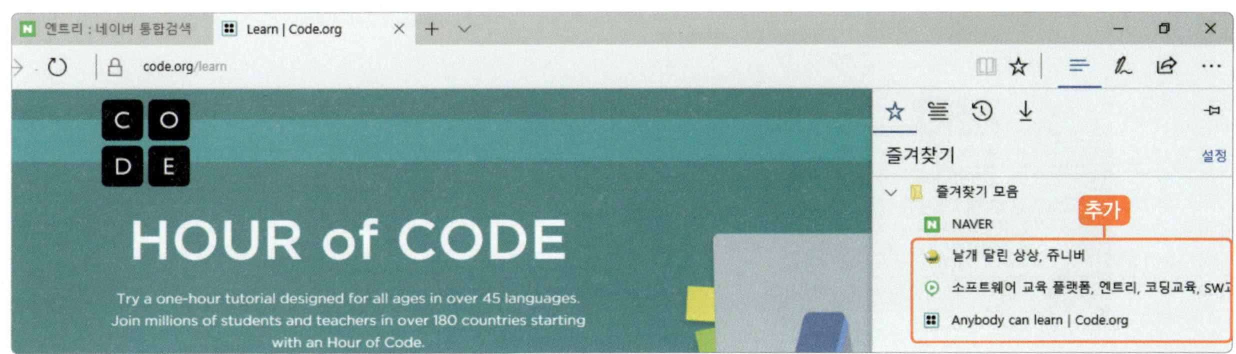

Tip 즐겨찾기 모음 표시

1 즐겨찾기에 등록된 사이트를 좀 더 빠르게 이동하기 위하여 [Microsoft Edge] 화면에 즐겨찾기 목록을 표시할 수 있습니다.

2 [설정(⋯)]−[설정]을 클릭한 후 '즐겨찾기 모음 표시'를 '켬'으로 설정합니다.

※ 설정에서 '즐겨찾기 모음에 아이콘만 표시'를 '켬'으로 설정하면 즐겨찾기 모음 표시가 '작은 아이콘'으로 표시됩니다.

3 화면에 즐겨찾기 목록이 나오면 마우스로 클릭하여 해당 사이트를 이동시킵니다.

2 탭을 미리 확인한 후 나중에 사용할 탭을 보관하여 관리해 봅시다.

1 [새 탭(+)]을 클릭한 후 [허브(≡)]−[즐겨찾기(☆)]−[즐겨찾기 모음] 폴더에서 '쥬니어네이버'를 선택하여 해당 사이트로 이동합니다. '쥬니어네이버' 사이트가 열리면 똑같은 방법으로 '엔트리'와 '코드' 사이트도 활성화시킵니다.

❷ 4개의 사이트가 열려있는 상태에서 **[탭 미리 보기 표시(∨)]**를 클릭하면 현재 활성화된 4개의 탭을 작은 화면으로 확인할 수 있습니다.

❸ 현재 활성화된 4개의 탭을 보관하였다가 다시 사용하기 위하여 **[이러한 탭 보관(⊟)]**을 클릭합니다.

※ [새 탭]이 열리면서 기존의 탭들은 보관되며, 복원할 탭들이 보관되어 있는 경우에는 [보관된 탭(▣)] 아이콘이 '검은색(▤)'으로 나타납니다.

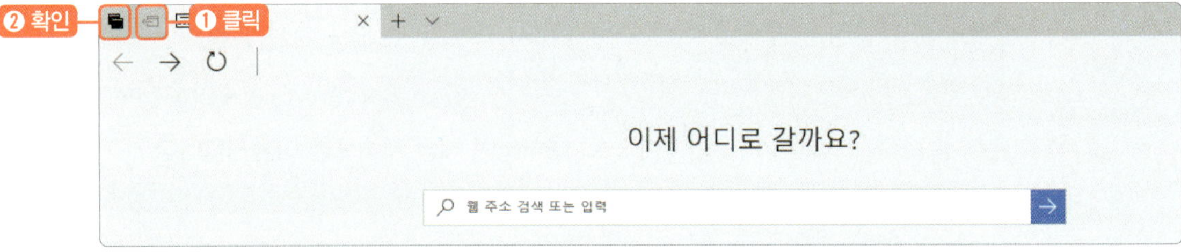

❹ 보관된 탭들을 다시 사용하기 위해서는 **[보관된 탭(▤)]**을 클릭합니다. [보관된 탭]에서 '탭 복원'을 클릭하면 4개의 모든 탭을 복원시킬 수 있지만 **탭 제거(×)**를 클릭하면 보관된 탭이 모두 제거됩니다.

※ 복원할 탭을 마우스로 클릭하면 개별적으로도 복원할 수 있습니다.

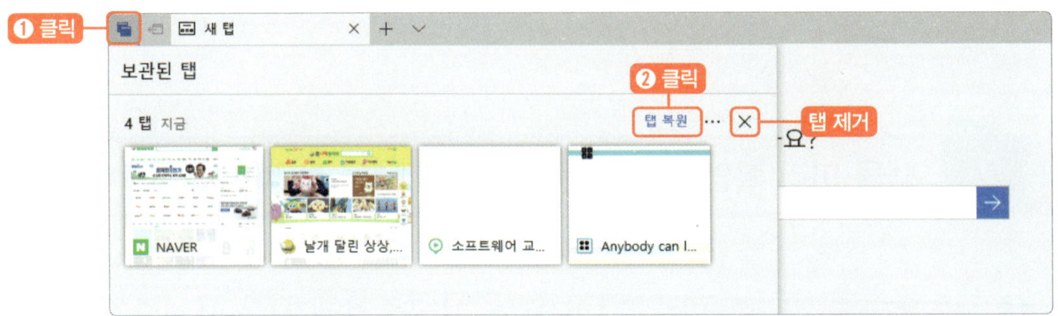

뚝딱 1 현재 컴퓨터에 저장된 즐겨찾기 목록을 원하는 곳으로 내보낸 후 다시 가져와 봅시다.

📁 불러올 파일 : 없음   💾 완성된 파일 : 없음

① [Microsoft Edge]를 실행하여 [설정(···)]－[설정]을 클릭합니다.

② [설정]에서 [다른 브라우저에서 가져오기]를 클릭합니다.

③ '파일 가져오기 또는 내보내기' 항목에서 [파일로 내보내기]를 클릭합니다

④ [다른 이름으로 저장] 창이 나오면 저장 위치를 '바탕화면'으로 지정한 후 〈저장〉을 클릭합니다.

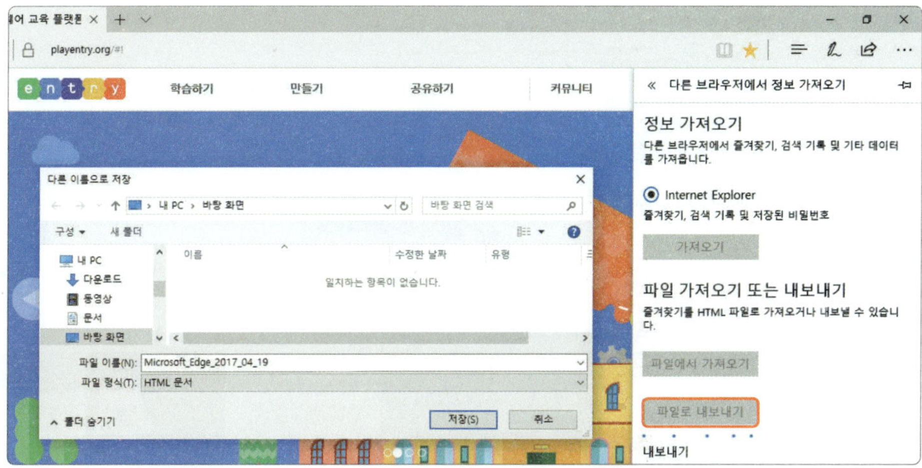

⑤ 즐겨찾기 목록이 HTML 문서로 내보내지면 [파일에서 가져오기]를 클릭합니다. [열기] 창이 나오면 바탕화면에 저장했던 HTML 문서 파일을 선택한 후 〈열기〉를 클릭합니다.

⑥ [허브(≡)]－[즐겨찾기 (☆)]를 클릭하여 내보냈던 즐겨찾기 목록이 추가된 것을 확인합니다.

⑦ HTML 문서로 추가된 즐겨찾기 폴더([Microsoft_Edge...에서 가져옴]) 위에서 마우스 오른쪽 버튼을 눌러 [삭제]를 클릭합니다.

※ 윈도우10을 다시 설치하거나 다른 컴퓨터의 즐겨찾기 목록을 내 컴퓨터에서 사용하고자 할 경우 해당 기능을 이용하면 편리합니다.

01 [그림판] 앱을 작업 표시줄에 고정시켜 보세요.

02 빈 칸에 [Microsoft Edge]의 구성 요소 명칭을 적어 보세요.

03 네이버에서 아래 사이트를 검색한 후 해당 홈페이지 접속하여 주소(예 : www.naver.com)를 적으세요.

① 어린이 헌법교실 :

② 어린이 경찰청 :

③ 어린이 문화재청 :

04 현재 보고 있는 페이지에서 이전 페이지로 이동하려면 어떤 단추를 클릭해야 하나요?

05 [Microsoft Edge]의 화면을 확대시키는 단축키는 무엇인가요?

① **Ctrl** + **+**　　　　　　　　② **Ctrl** + **−**

③ **Alt** + **+**　　　　　　　　④ **Alt** + **+**

06 [Microsoft Edge]를 실행하면 '다음(www.daum.net)' 홈 페이지가 열리도록 특정 페이지를 설정해 보세요.

07 3번 문제의 정답을 이용하여 아래 3개의 사이트 주소를 '즐겨찾기'에 추가해 보세요.

－ 어린이 헌법교실, 어린이 경찰청, 어린이 문화재청

08 즐겨찾기에 추가된 목록을 확인하기 위해서는 어떤 도구를 선택해야 하나요?

① 보관된 탭(▦)　　　　　　　② 허브(☰)

③ 새로 고침(↻)　　　　　　　④ 설정(…)

09 그림판 도구 중에서 특정 색을 추출하는 도구는 무엇인가요?

① 🪣　　　　　　　　　　　② ◿

③ **A**　　　　　　　　　　　④ 🖋

10 [그림판] 앱을 실행하여 이미지를 완성시키세요.

▶ [소스 파일]-[불러올 파일]-[16 단원종합
  평가] 폴더에서 '누구냐 넌!' 파일을 불러
  와 작업
▶ '🪣, ◿, A' 도구를 이용하여 작업
▶ 작업에 필요한 세부 설정은 오른쪽 이미
  지를 참고하여 작업

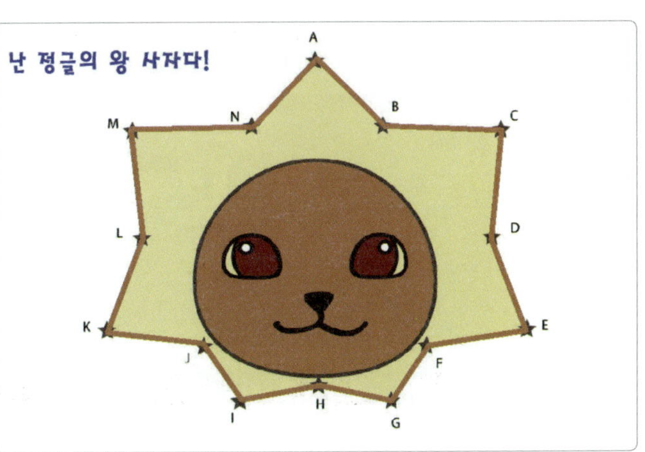

바탕 화면 배경 설정하기

완성 작품 미리보기

📁 불러올 파일 : 배경1~4　　💾 완성된 파일 : 없음

▶ [한컴 타자연습] 앱으로 '자리연습 8단계'를 연습합니다.

▶ 바탕 화면의 배경을 예쁜 사진으로 변경해 봅시다.

▶ 바탕 화면의 배경에 슬라이드 쇼를 지정해 봅시다.

[소스 파일]-[키보드 송]-[17_키보드 송(자리연습 8단계)]를 더블 클릭하여 노래를 불러봅니다.

[한컴 타자연습] 앱을 실행한 후 [자리연습]-[8단계]를 연습합니다.

❶ 바탕 화면에서 마우스 오른쪽 버튼을 눌러 [개인 설정]을 클릭합니다.

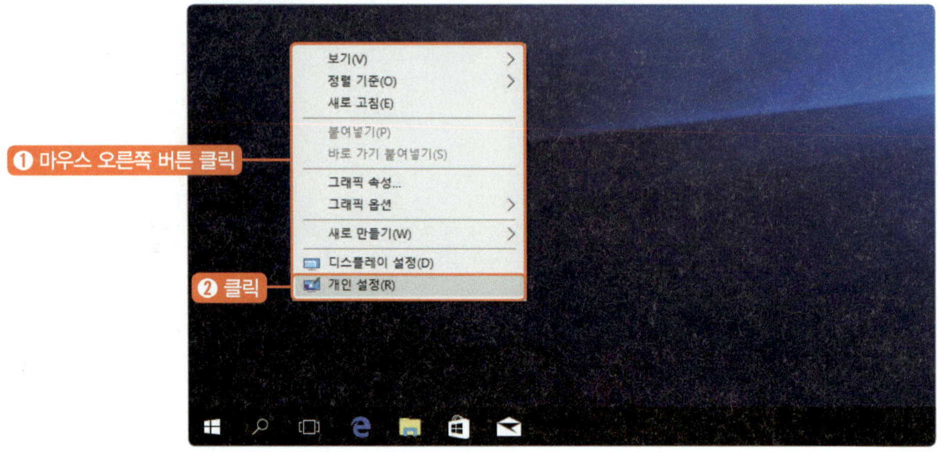

❷ [개인 설정] 창이 나오면 [배경]에서 '배경'으로 지정된 항목이 **사진**인 것을 확인한 후 〈찾아보기〉를 클릭합니다.

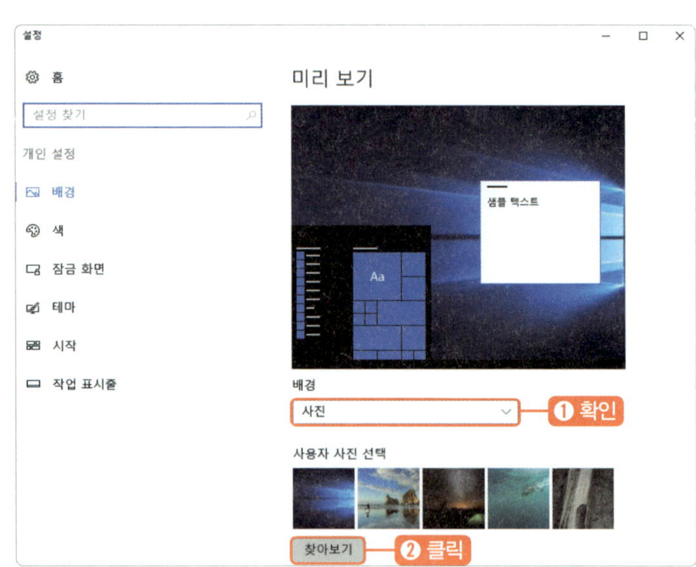

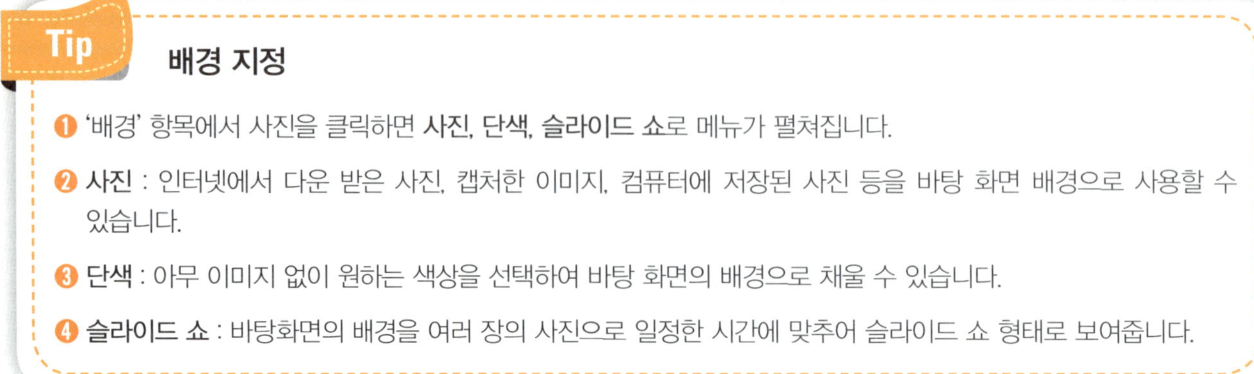

Tip

배경 지정

❶ '배경' 항목에서 사진을 클릭하면 **사진, 단색, 슬라이드 쇼**로 메뉴가 펼쳐집니다.

❷ **사진** : 인터넷에서 다운 받은 사진, 캡처한 이미지, 컴퓨터에 저장된 사진 등을 바탕 화면 배경으로 사용할 수 있습니다.

❸ **단색** : 아무 이미지 없이 원하는 색상을 선택하여 바탕 화면의 배경으로 채울 수 있습니다.

❹ **슬라이드 쇼** : 바탕화면의 배경을 여러 장의 사진으로 일정한 시간에 맞추어 슬라이드 쇼 형태로 보여줍니다.

❸ [열기] 창이 나오면 [소스 파일]-[불러올 파일]-[배경화면] 폴더에서 원하는 배경을 선택한 후 〈사진 선택〉을 클릭합니다. 작업 표시줄 오른쪽 끝에 있는 [바탕 화면 보기(　)] 단추를 클릭하여 선택한 이미지로 배경이 변경된 것을 확인합니다.

※ 바탕 화면 보기 단축키 : 윈도우 키(　)+D

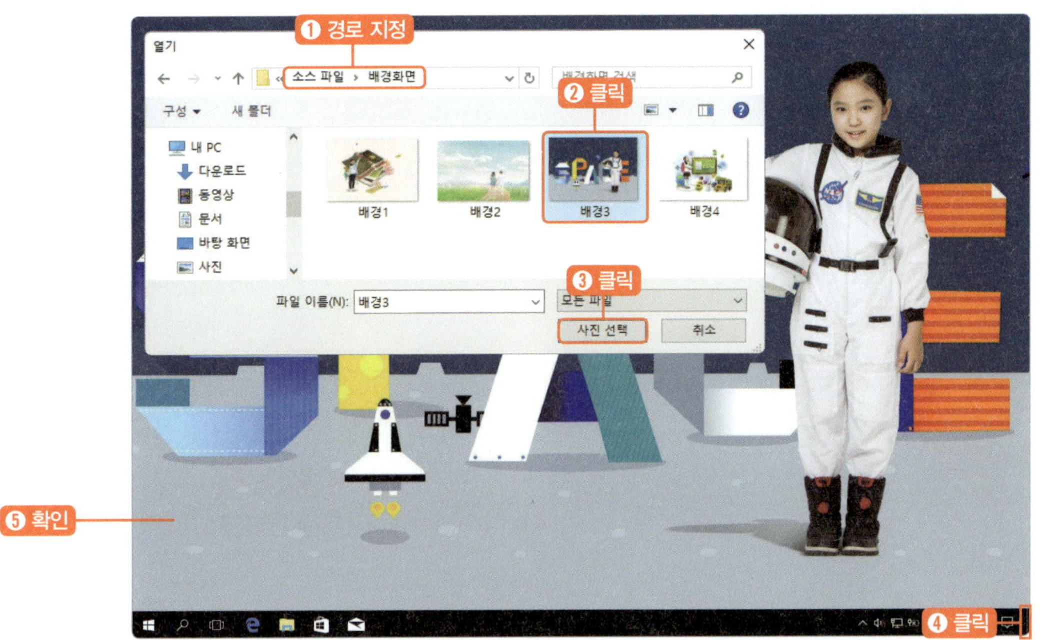

Tip

맞춤 선택

‘맞춤 선택’ 항목은 바탕 화면의 배경을 다양한 방법(**채우기, 맞춤, 확대, 바둑판식 배열, 가운데, 스팬 등**)으로 채울 수 있는 기능으로 처음부터 하나씩 선택하여 선택된 배경 이미지가 실제 바탕 화면에는 어떻게 표시되는지 확인해 봅니다.

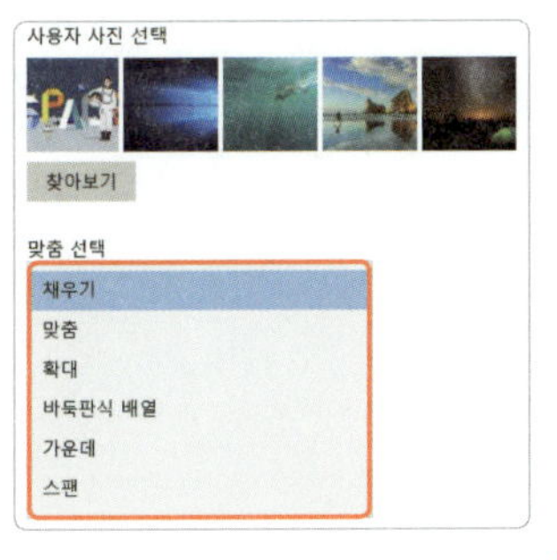

Tip

바탕 화면의 배경을 단색으로 변경하기

‘배경’ 항목을 클릭하여 **단색**을 선택합니다. 배경이 단색으로 변경되면 원하는 색상을 선택하여 바탕 화면의 색상을 변경합니다.

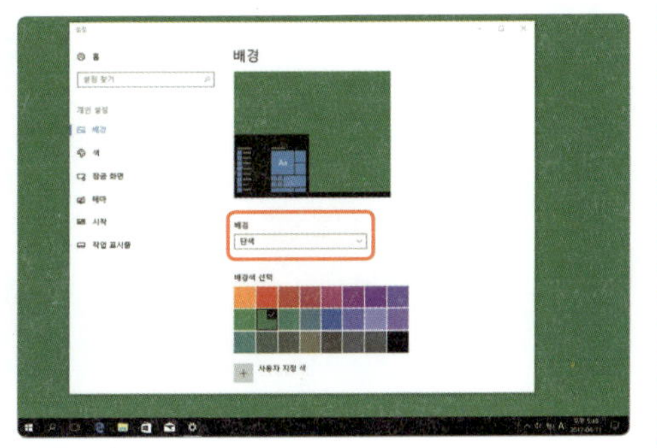

 **2** 바탕 화면의 배경에 슬라이드 쇼를 지정해 봅시다.

❶ '배경' 항목을 클릭하여 **슬라이드 쇼**를 선택합니다. '슬라이드 쇼용 앨범 선택' 항목에서 〈찾아보기〉를 클릭합니다.

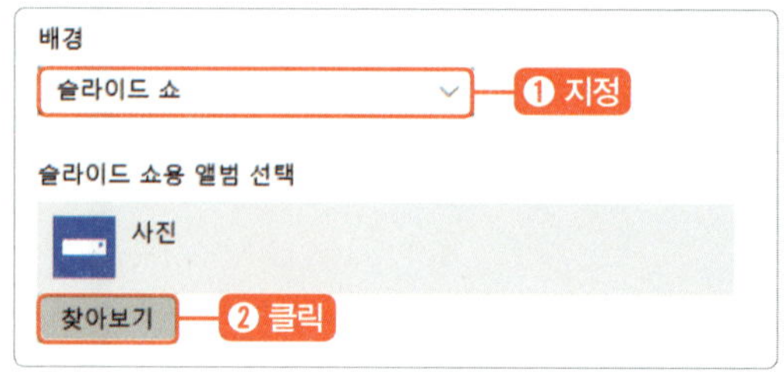

❷ [폴더 선택] 창이 나오면 [소스 파일]–[불러올 파일]–[배경화면] 폴더를 선택한 후 〈이 폴더 선택〉을 클릭합니다.

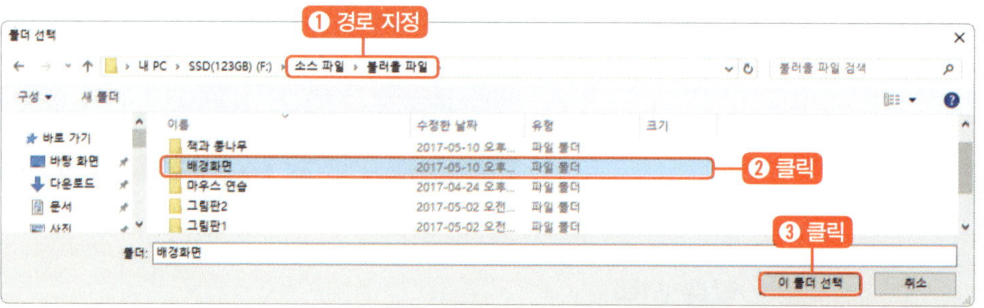

❸ '다음 간격마다 사진 변경' 항목의 **30분**을 클릭하여 **1분**으로 변경한 후 작업 표시줄 오른쪽 끝에 있는 [바탕 화면 보기(▌)] 단추를 클릭하여 슬라이드 쇼가 실행되는 것을 확인합니다.

※ 순서 섞기를 '켬'으로 설정하면 폴더 안에 있는 사진이 섞여서 나옵니다.

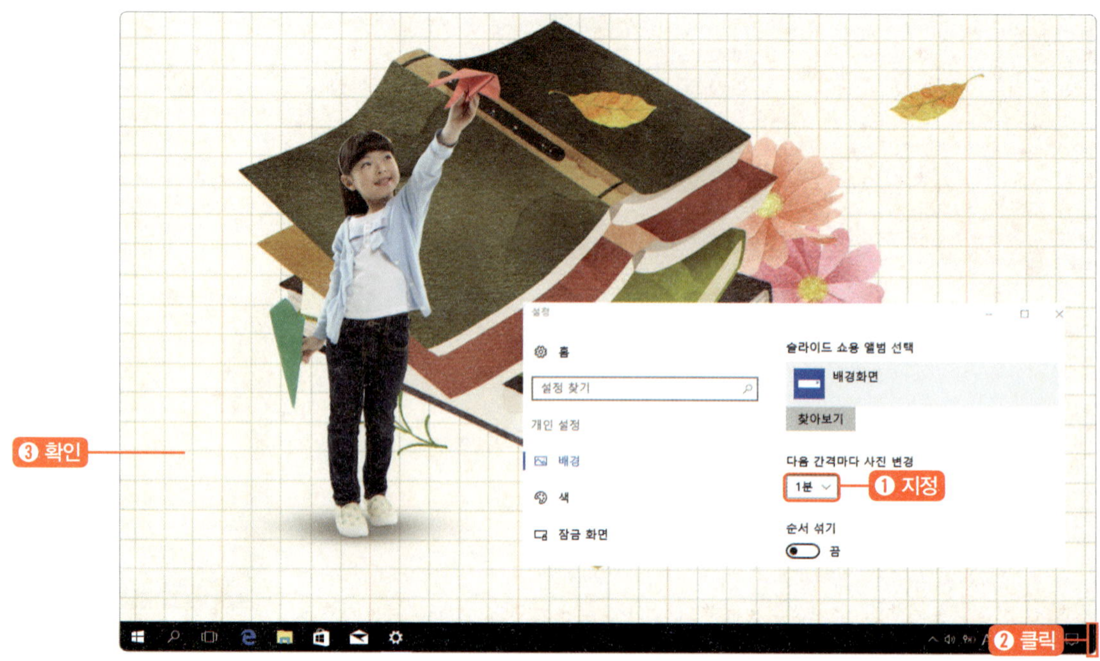

혼자서 뚝딱 뚝딱!

뚝딱 1

배경 화면이 바뀌면 자동으로 해당 배경 색상에 어울리는 테마 컬러로 변경되도록 설정하시오.

📁 불러올 파일 : 없음　　🟩 완성된 파일 : 없음

① 바탕 화면에서 마우스 오른쪽 버튼을 눌러 [개인 설정]을 클릭합니다.

② [개인 설정] 창이 나오면 [색]에서 '자동으로 내 배경 화면에서 테마 컬러 선택'을 체크(∨)합니다.

③ [배경]에서 배경 사진을 변경하여 자동으로 테마 컬러가 바뀌는지 확인합니다.

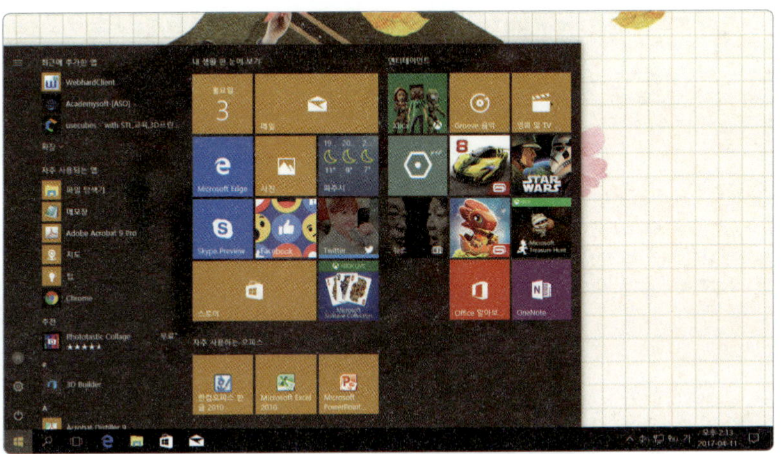

뚝딱 2

[시작] 메뉴, 작업 표시줄, 알림 센터, 제목 표시줄에 테마 컬러를 표시해 봅시다.

📁 불러올 파일 : 없음　　🟩 완성된 파일 : 없음

① [개인 설정] 창의 [색]에서 '다음 표면에 테마 컬러 표시' 항목의 **시작, 작업 표시줄 및 알림 센터**와 **제목 표시줄**을 클릭하여 체크(∨)합니다.

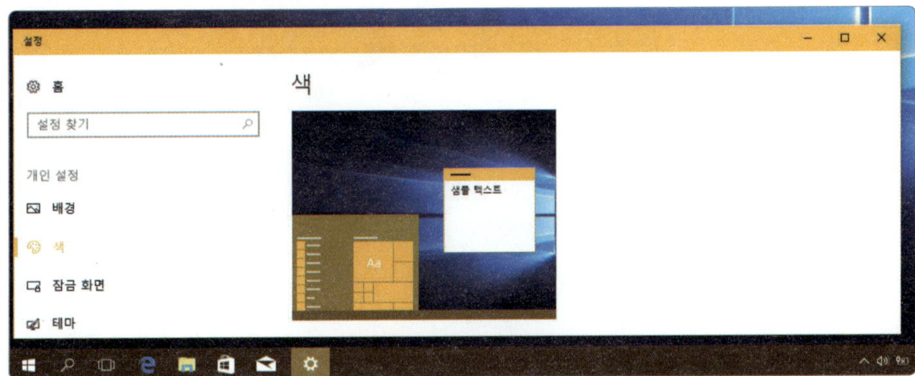

CHAPTER 18

잠금 화면 설정 및 테마 변경

📁 불러올 파일 : 배경1~4   📄 완성된 파일 : 없음

▶ [한컴 타자연습] 앱으로 '낱말연습 8단계'를 연습합니다.

▶ 잠금 화면의 배경을 변경해 봅시다.

▶ 윈도우 테마를 변경해 봅시다.

[소스 파일]-[키보드 송]-[18_키보드 송(낱말연습 8단계)]를 더블 클릭하여 노래를 불러봅니다.

[한컴 타자연습] 앱을 실행한 후 [낱말연습]-[8단계]를 연습합니다.

잠금 화면의 배경을 예쁜 사진으로 변경해 봅시다.

❶ 바탕 화면에서 마우스 오른쪽 버튼을 눌러 [개인 설정]을 클릭합니다.

❷ [개인 설정] 창이 나오면 [잠금 화면]에서 '배경' 항목을 클릭하여 Windows 추천, 사진, 슬라이드 쇼 메뉴 중에서 'Windows 추천'을 선택합니다.

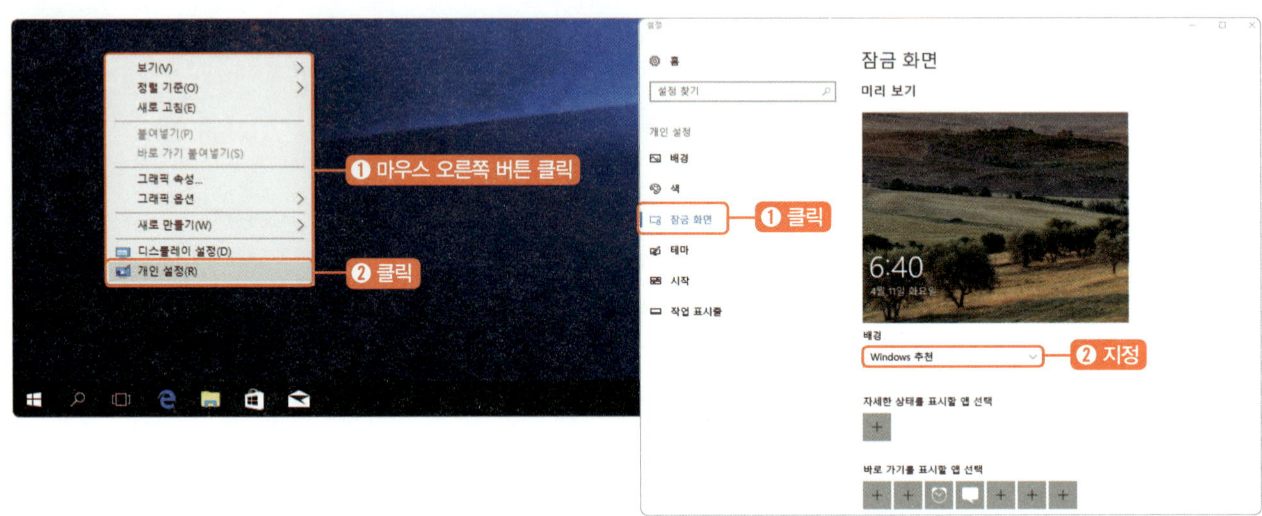

> **Tip** **잠금화면 [배경] 지정**
>
> ❶ 'Windows 추천'은 윈도우에서 이미지를 자동으로 추천받아서 **잠금 화면 배경**으로 설정합니다.
>
> ❷ '사진'과 '슬라이드 쇼'는 'CHAPTER 17. 바탕 화면 배경 설정하기'에서 바탕 화면의 배경을 변경하는 방법과 동일합니다.

❸ '자세한 상태를 표시할 앱 선택' 항목에서 ' + ' 를 클릭하여 [날씨] 앱( )을 선택합니다.

※ 컴퓨터의 환경에 따라서 이미 다른 앱이 선택되어 표시될 수도 있습니다.

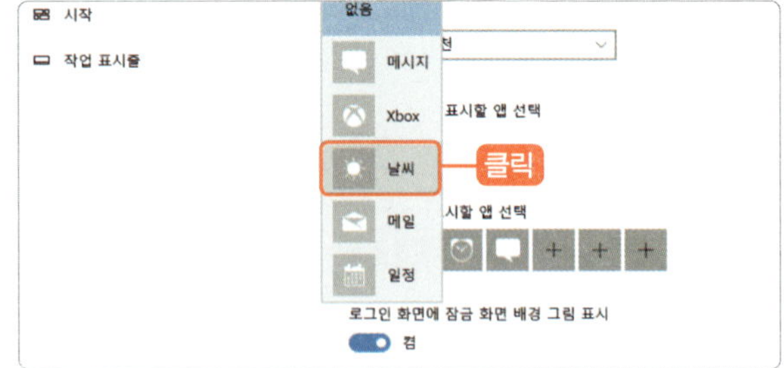

> **Tip** **로그인 화면에 잠금 화면 배경 그림 표시**
>
> [잠금 화면]에서 '로그인 화면에 잠금 화면 배경 그림 표시' 항목을 '켬'으로 설정하면 로그인 화면을 기본 단색 화면으로 표시하는 것이 아니라 잠금 화면 배경에 로그인 표시가 나타납니다.

❹ 윈도우 키(⊞)+ⓛ 키를 눌러 변경된 잠금 화면을 확인합니다.

※ 잠금 화면 이미지는 [배경] 항목의 설정(Windows 추천, 사진 등)에 따라 다르게 나오며, [날씨] 앱 정보가 나오지 않을 경우에는 [시작] 메뉴에서 [날씨] 앱을 활성화시킵니다.

2 테마를 설정하여 윈도우 환경을 한 번에 변경해 봅시다.

❶ [개인 설정] 창의 [테마]를 클릭하여 현재 테마(배경, 색, 소리, 마우스 커서)를 확인한 후 '🏪 스토어에서 더 많은 테마 보기'를 클릭합니다.

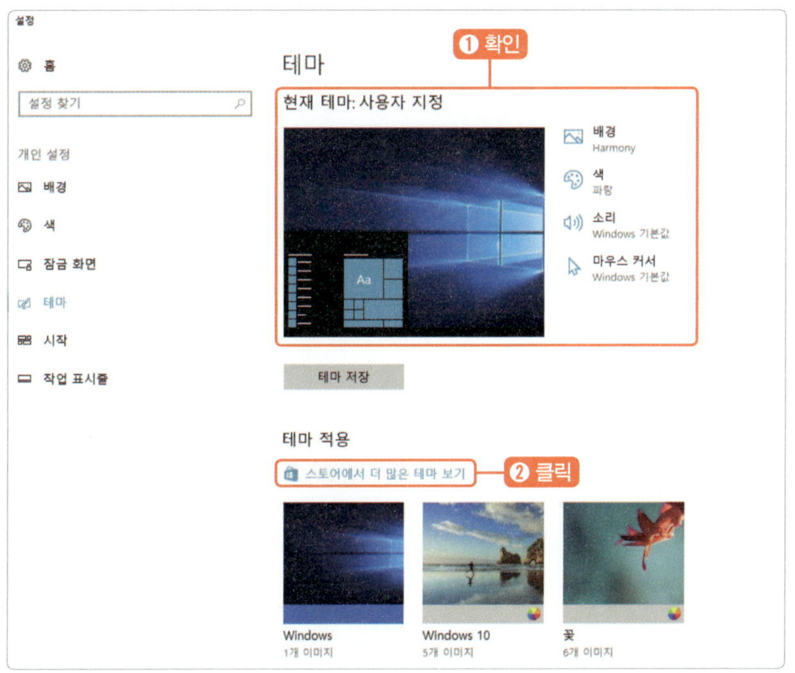

❷ [Windows Themes] 창이 나오면 원하는 테마를 선택한 후 〈다운로드〉를 클릭합니다. 선택한 테마가 다운로드 되어 설치까지 완료되면 〈닫기(×)〉를 클릭합니다.

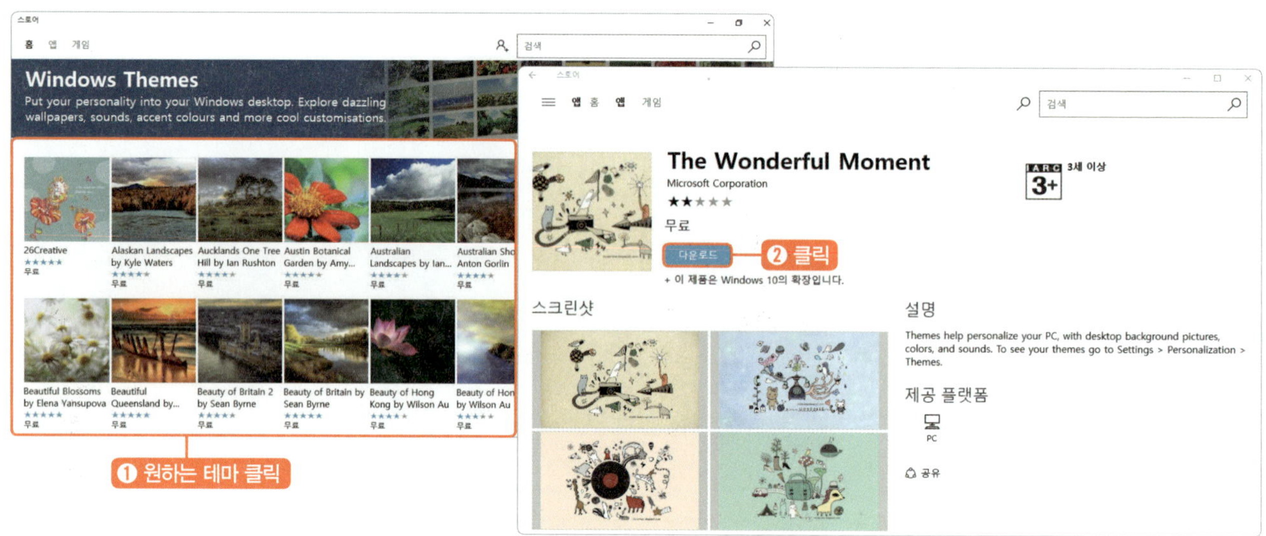

❸ '테마 적용' 항목에서 **새롭게 추가된 테마**를 클릭하여 적용합니다. 작업 표시줄 오른쪽 끝의 [바탕 화면 보기(│)] 단추를 클릭하여 테마가 변경된 것을 확인합니다.

※ 테마 변경 확인 후 작업 표시줄의 '설정(⚙)' 아이콘을 클릭하여 윈도우10 기본 테마로 다시 변경합니다.
　(바탕 화면 보기 단축키 : 윈도우 키(⊞)+D)

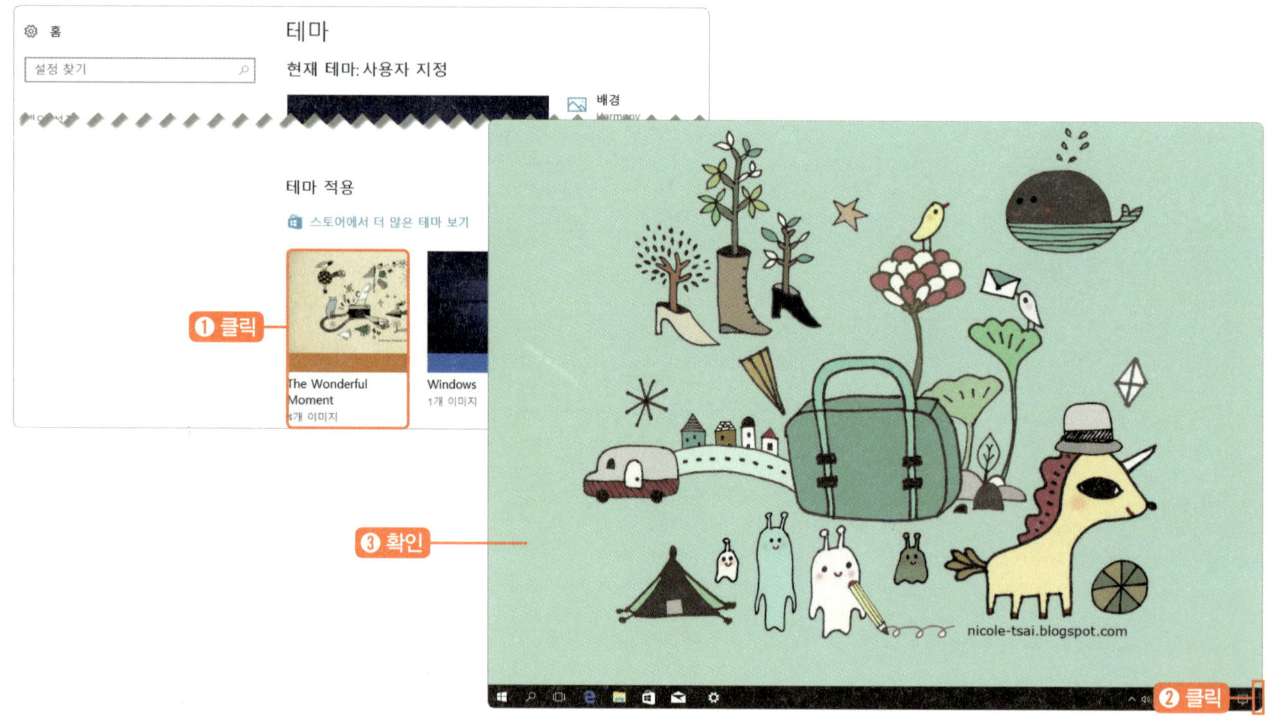

Tip　　종이접기

　다음 수업 과정(19 챕터) 중에는 종이접기에 관련된 내용이 있기 때문에 **색종이 2～3장**을 꼭 가져오세요.

뚝딱 1 바탕 화면에 기본적으로 나타나는 '휴지통' 아이콘과 함께 '내 컴퓨터'와 '제어판' 아이콘이 나타나도록 설정해 봅시다.

📂 불러올 파일 : 없음　　📗 완성된 파일 : 없음

① 바탕 화면에서 마우스 오른쪽 버튼을 눌러 [개인 설정]을 클릭합니다.

② [개인 설정] 창이 나오면 [테마]에서 '관련 설정' 항목의 **바탕 화면 아이콘 설정**을 클릭합니다.

③ [바탕 화면 아이콘 설정] 창에서 '컴퓨터'와 '제어판'을 체크(∨)합니다.

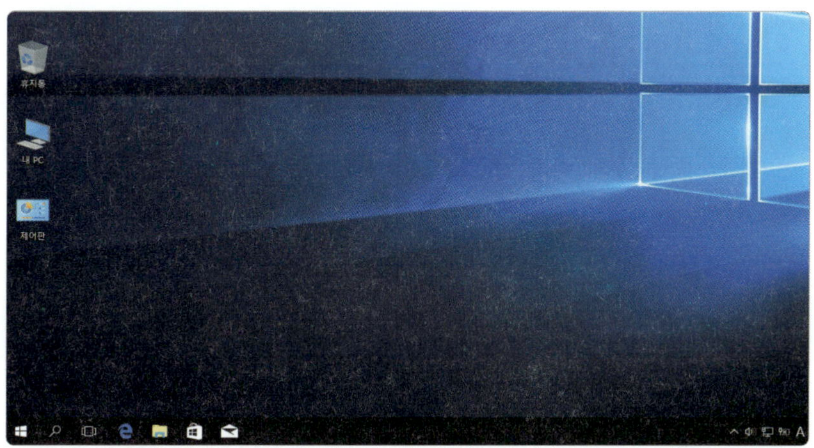

뚝딱 2 '리본' 화면 보호기를 설정한 후 대기 시간을 '1분'으로 지정해 봅시다.

📂 불러올 파일 : 없음　　📗 완성된 파일 : 없음

① 바탕 화면에서 마우스 오른쪽 버튼을 눌러 [개인 설정]을 클릭합니다.

② [개인 설정] 창이 나오면 [잠금 화면]에서 **화면 보호기 설정**을 클릭합니다.

③ [화면 보호기 설정] 창에서 '화면 보호기(리본)'와 '대기(1분)'를 설정합니다.

④ 1분 동안 '키보드'와 '마우스'를 조작하지 않고 기다린 후 화면 보호기를 확인합니다.

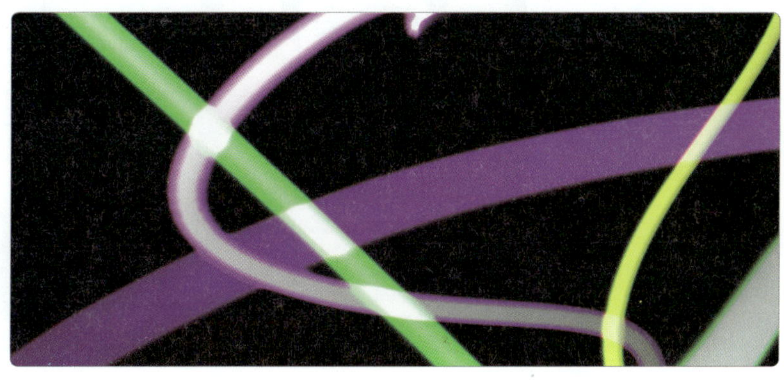

CHAPTER 19 구글 크롬의 웹 스토어

📁 불러올 파일 : 없음　💾 완성된 파일 : 없음

- ▶ [한컴 타자연습] 앱으로 '케이크던지기 오븐'을 연습합니다.
- ▶ 구글 크롬의 웹 스토어를 실행하여 앱을 추가해 봅시다.
- ▶ [아바타] 앱을 이용하여 본인과 비슷한 아바타를 만들어 봅시다.

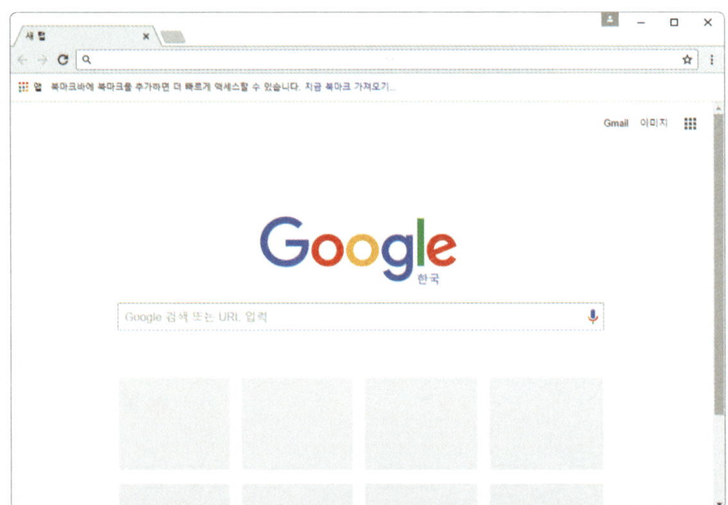

01 [한컴 타자연습] 앱을 실행한 후 [**짧**은글연습]을 연습합니다.

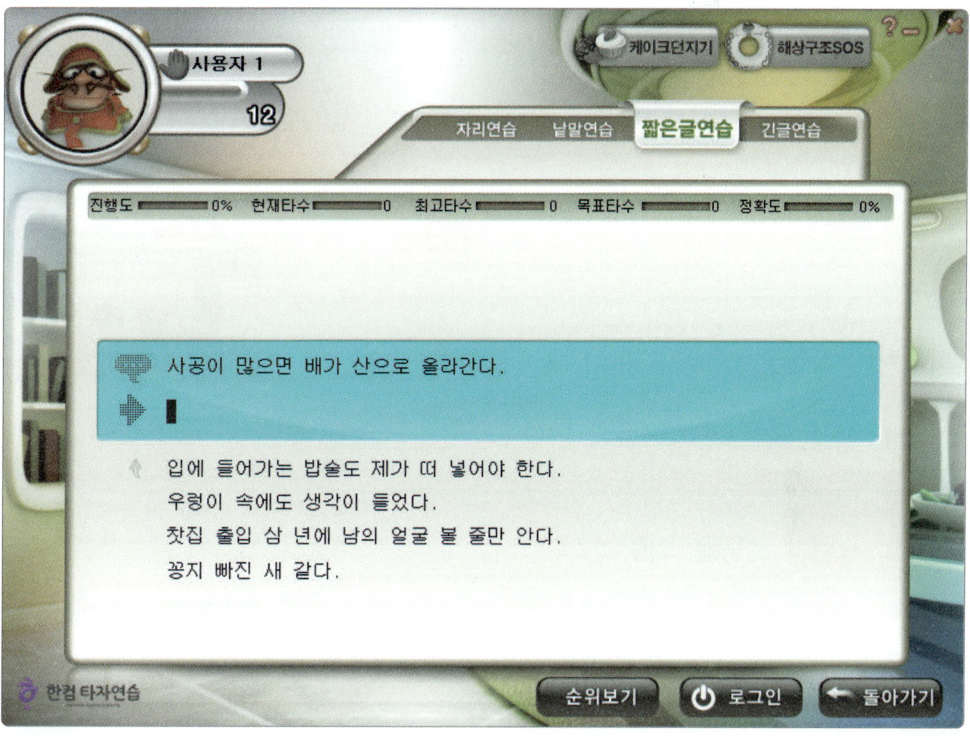

02 [한컴 타자연습] 앱을 실행한 후 [케이크던지기]−[오븐]을 연습합니다.

1 구글 크롬의 웹 스토어를 실행하여 앱을 추가해 봅시다.

❶ [시작] 단추(■)를 클릭하여 [Chrome] 앱을 실행하거나, 작업 표시줄에서 [Chrome] 아이콘(◉)을 클릭합니다. [크롬]이 실행되면 왼쪽 위에 있는 **앱 표시**(⠿ 앱)를 클릭합니다.

Tip **구글 크롬**

구글 크롬은 웹 브라우저의 한 종류로 속도가 빠르고 안정적이며, 안드로이드 기반의 스마트 폰과도 연동되기 때문에 현재 많은 사람들이 사용하고 있습니다. 만약 구글 크롬이 설치되어 있지 않다면 네이버에서 구글 크롬을 검색하여 설치하시기 바랍니다.

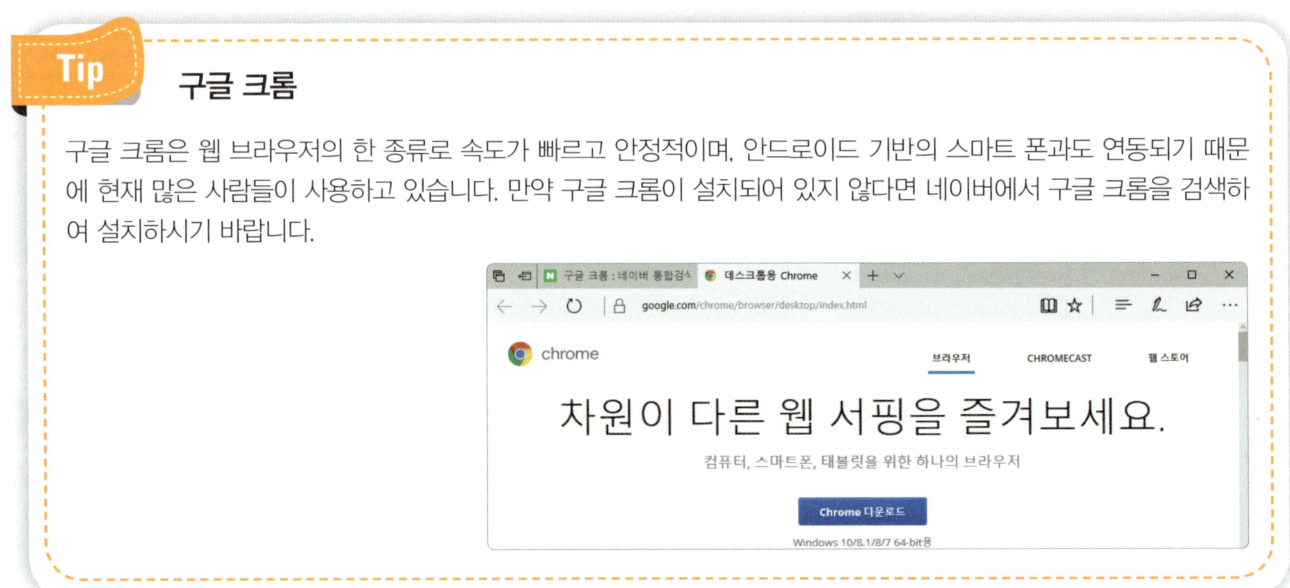

❷ [웹 스토어] 앱 나오면 해당 앱을 클릭합니다.
※ 구글 계정으로 로그인을 하면 다양한 앱을 활용할 수 있습니다.

❸ 웹 스토어로 화면이 전환되면 '스토어 검색 칸'에 **사진 공유 아바타**를 입력한 후 Enter 키를 누릅니다. 앱이 검색되어 나오면 〈+ CHROME에 추가〉-〈앱 추가〉를 클릭합니다.

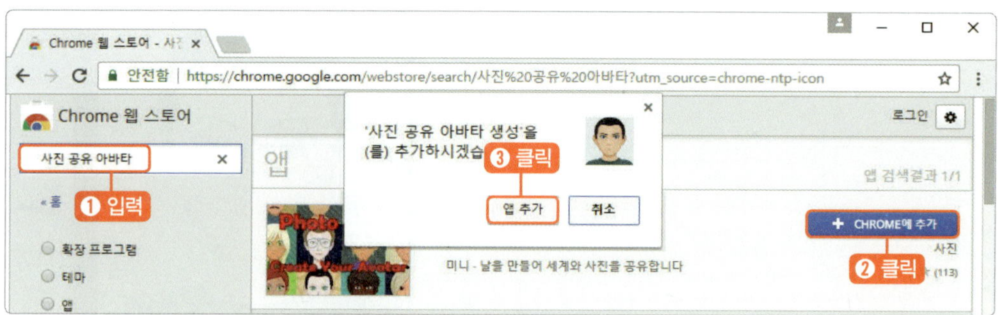

❹ 앱이 추가되면 [사진 공유 아바타] 앱을 클릭하여 실행한 후 **성별(남/여) 모양**을 선택합니다.
※ [페이지 번역] 창이 나오면 〈번역〉을 클릭합니다.

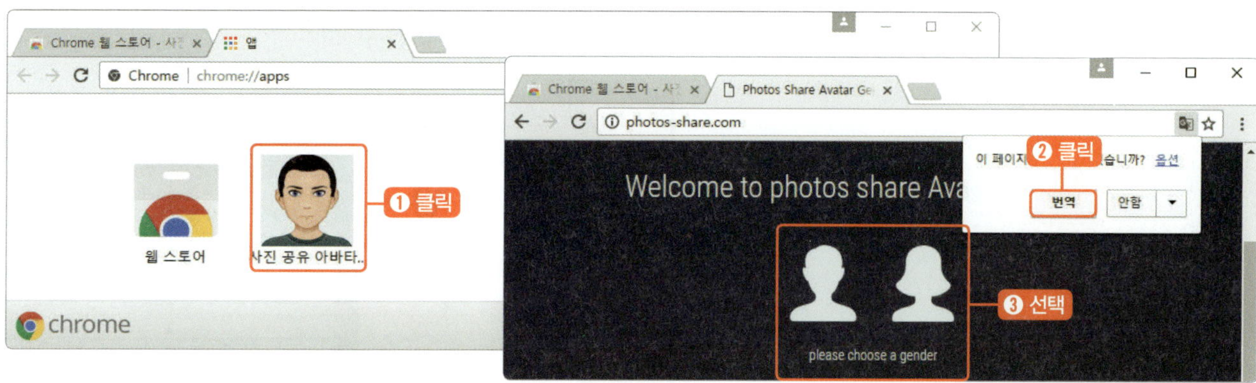

2   **[아바타] 앱을 이용하여 본인과 비슷한 아바타를 만들어 봅시다.**

❶ [아바타] 앱이 실행되면 피부색을 선택한 후 **[얼굴(face)]** 탭에서 '모양(shape), 입(mouth), 코(nose), 귀(ears)'를 최대한 본인과 비슷하게 선택하여 만듭니다.

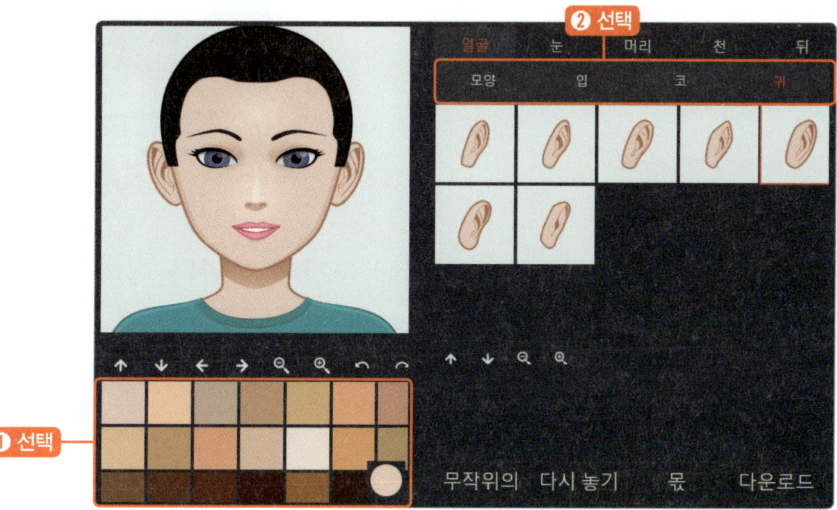

❷ **[눈(eyes)]** 탭에서 '눈 모양(eye shape), 아이리스(iris), 눈썹(eyebrows), 안경(glasses)'을 이용하여 최대한 본인과 비슷하게 선택하여 만듭니다.

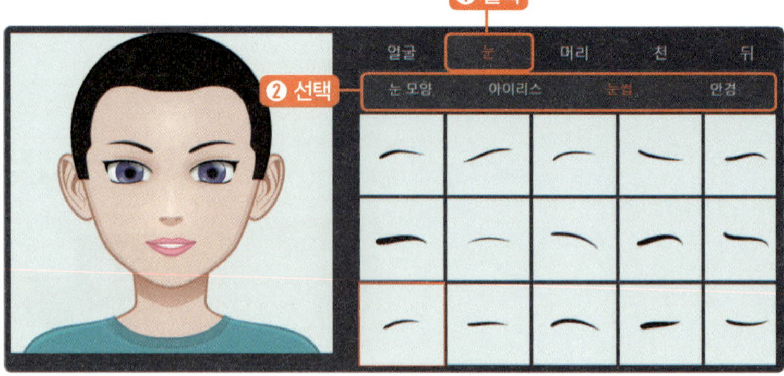

❸ 똑같은 방법으로 나머지 **[머리(hair)]**, **[천(clothes)]**, **[뒤(backs)]** 탭을 이용하여 본인과 비슷한 아바타를 만듭니다.

※ [머리(hair)], [천(clothes)], [뒤(backs)]는 사용자가 원하는 색을 지정할 수 있습니다.

❹ 모든 작업이 끝나면〈다운로드(download)〉를 눌러 저장 메뉴가 나오면 'PNG–400x400' 또는 'PNG–200x200'을 클릭합니다. 화면 하단에 다운로드 항목이 표시되면 '⌃'를 클릭하여 [폴더 열기]를 선택합니다.

❺ [다운로드] 폴더 창이 열리면 저장된 아바타 이미지 파일을 확인합니다. 저장된 이미지 파일은 자신이 원하는 곳으로 이동 또는 복사 할 수 있으며, 그림판 등을 이용하여 확인할 수도 있습니다.

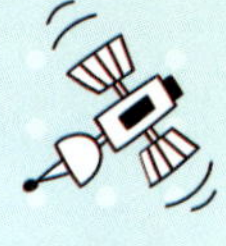

뚝딱 1 구글에서 'Origami Player' 앱을 검색하여 설치한 후 실행해 봅시다.

📁 불러올 파일 : 없음   💾 완성된 파일 : 없음

① 구글에서 'Origami Player'를 검색한 후 검색 결과에서 'Origami Player – Google Chrome'을 클릭합니다. 이어서, 앱이 나오면 〈Chrome에 추가〉–〈앱 추가〉를 클릭합니다.

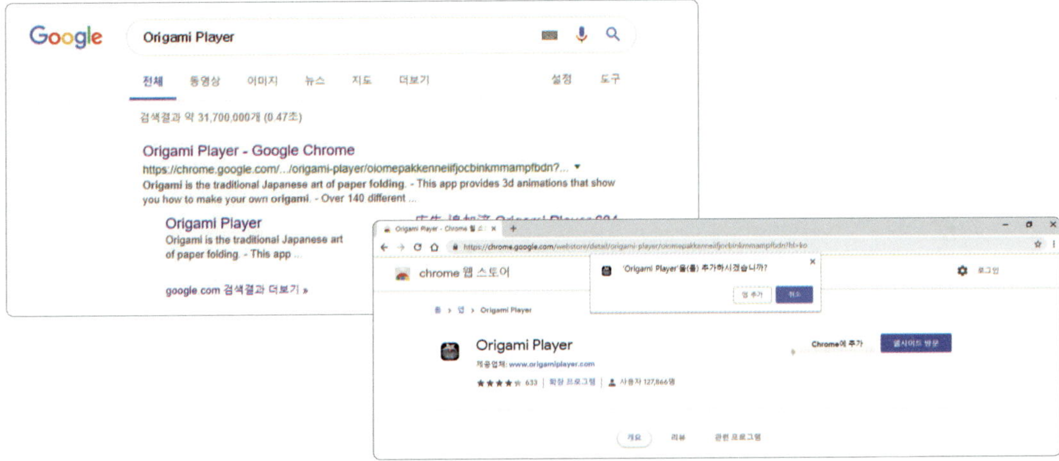

② 앱이 추가되면 [Origami Player] 앱을 클릭하여 실행합니다.

③ 화면 오른쪽에 별을 클릭하여 원하는 난이도를 선택한 후 원하는 모형을 선택합니다.

④ 책상 위에 색종이를 펼쳐 놓은 후 **플레이 버튼(▶)**을 클릭합니다. 종이접기 동영상이 실행되면 순서 맞추어 실제 색종이로 따라서 접습니다.

CHAPTER 20

읽기용 보기로 웹 페이지 내용 확인하기

완성 작품 미리보기

📂 불러올 파일 : 없음　💾 완성된 파일 : 없음

- ▶ [한컴 타자연습] 앱으로 '짧은글연습'을 연습합니다.
- ▶ 특정 웹 페이지를 '읽기용 보기'로 전환하여 내용을 확인해 봅시다.
- ▶ 읽기용 보기 페이지를 프린터로 출력해 봅시다.

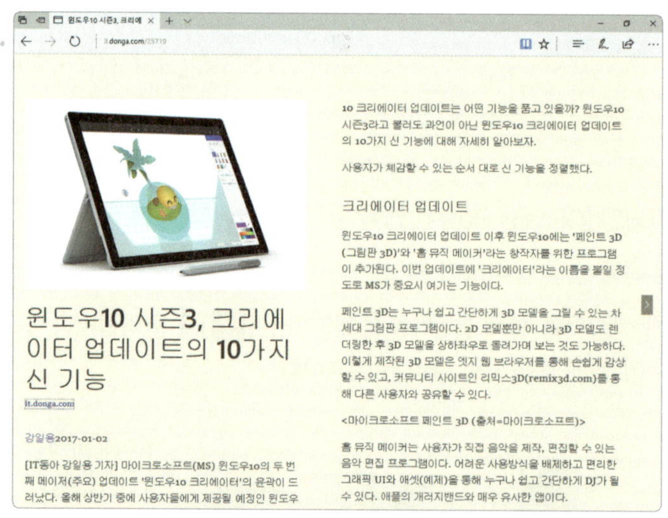

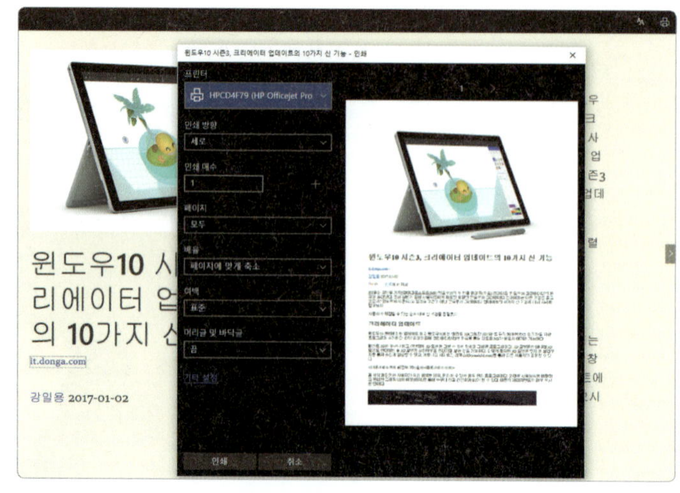

01 [한컴 타자연습] 앱을 실행한 후 [**짧**은글연습]을 연습합니다.

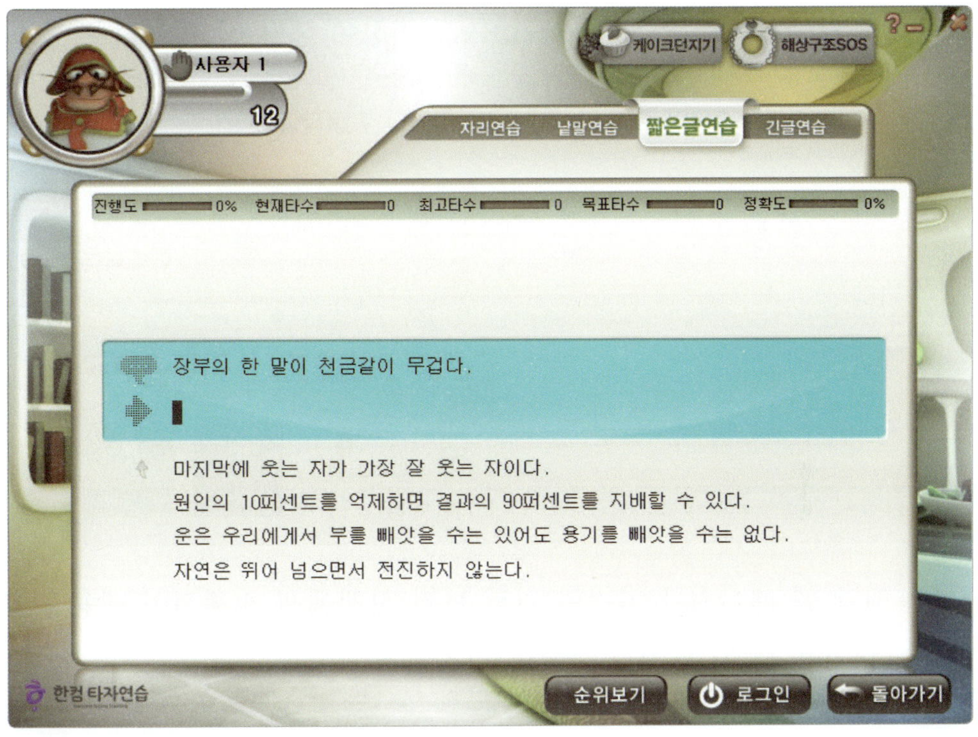

02 [한컴 타자연습] 앱을 실행한 후 [**해상구조SOS**]-[**태평양**]을 연습합니다.

 **특정 웹 페이지를 읽기용 보기로 전환하여 내용을 확인해 봅시다.**

❶ [시작] 메뉴 또는 [작업 표시줄]을 이용하여 [Microsoft Edge]를 실행한 후 '주소 및 검색 입력' 칸에 it.donga.com/25719를 입력하여 해당 웹 페이지로 이동합니다.

※ 맨 앞에 'www' 입력 없이 'it.donga.com/25719'만 입력합니다. 만약 해당 웹 페이지가 열리지 않을 경우에는 'it.donga.com'으로 접속하여 원하는 뉴스 내용을 클릭한 후 따라합니다.

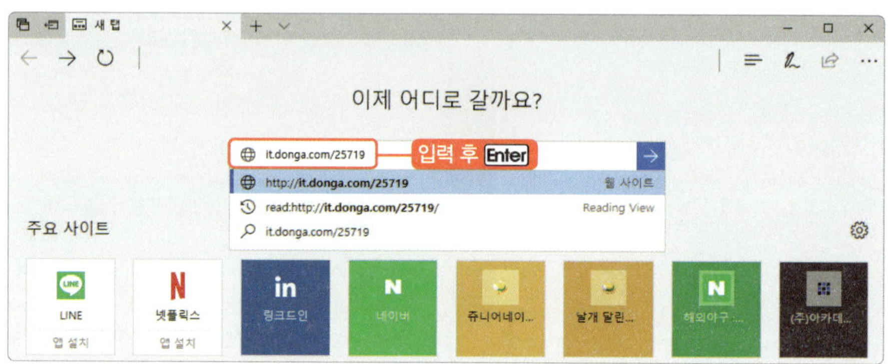

❷ 해당 웹 페이지가 열리면 기본 보기 상태에서 전체적인 내용을 확인한 후 오른쪽 위에 있는 [읽기용 보기(▥)]를 클릭합니다.

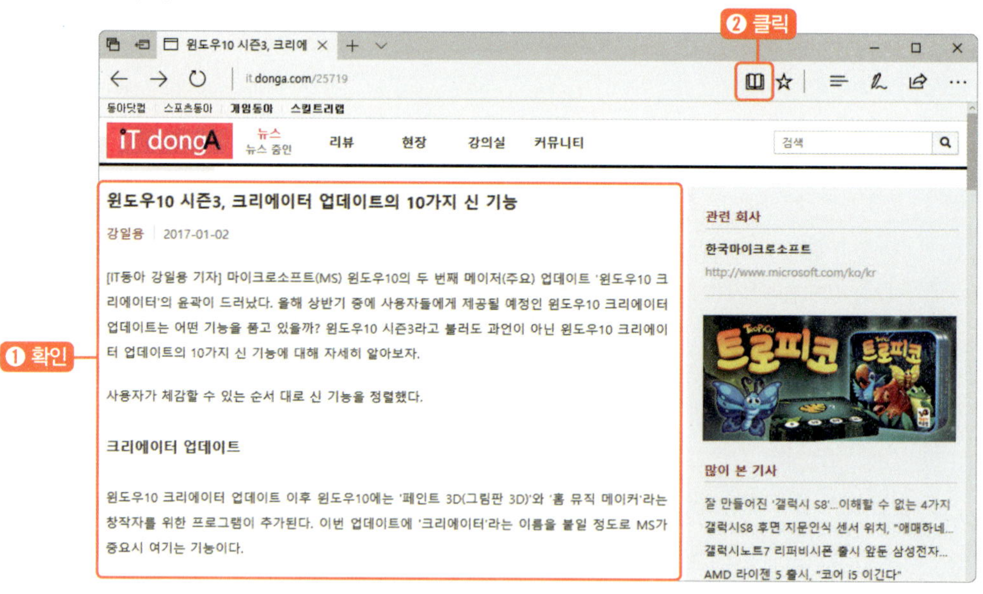

 **읽기용 보기(▥) 지원**

읽기용 보기 기능은 [Microsoft Edge]의 새로운 기능으로 웹 브라우저에서 텍스트 내용을 확인할 때 **배너 및 광고들**이 나오지 않게 하여 글을 읽기 편한 상태로 만들어 줍니다. 단, [읽기용 보기(▥)]가 **흐린 회색(▥)**으로 나올 경우에는 해당 기능이 지원되지 않는 웹 페이지를 의미합니다.

❸ 읽기용 보기로 화면이 전환되면 '이전 페이지(<)'와 '다음 페이지(>)' 버튼을 눌러 해당 기사 내용을 읽어봅니다.

※ [읽기용 보기]를 기본 상태로 변경하려면 '파란색 읽기용 보기(▥)'를 클릭합니다. 읽기용 보기에서 보이는 화면 내용은 모니터의 크기 및 해상도에 따라 내용 구성이 다르게 나올 수 있습니다.

❹ [읽기용 보기] 상태에서 화면을 클릭한 후 오른쪽 위에 있는 [옵션(Aa)]을 선택합니다. 옵션 메뉴가 나오면 [페이지 테마]를 밝게(Aa)와 어둡게(Aa)로 변경하여 각각의 테마 환경을 확인합니다.

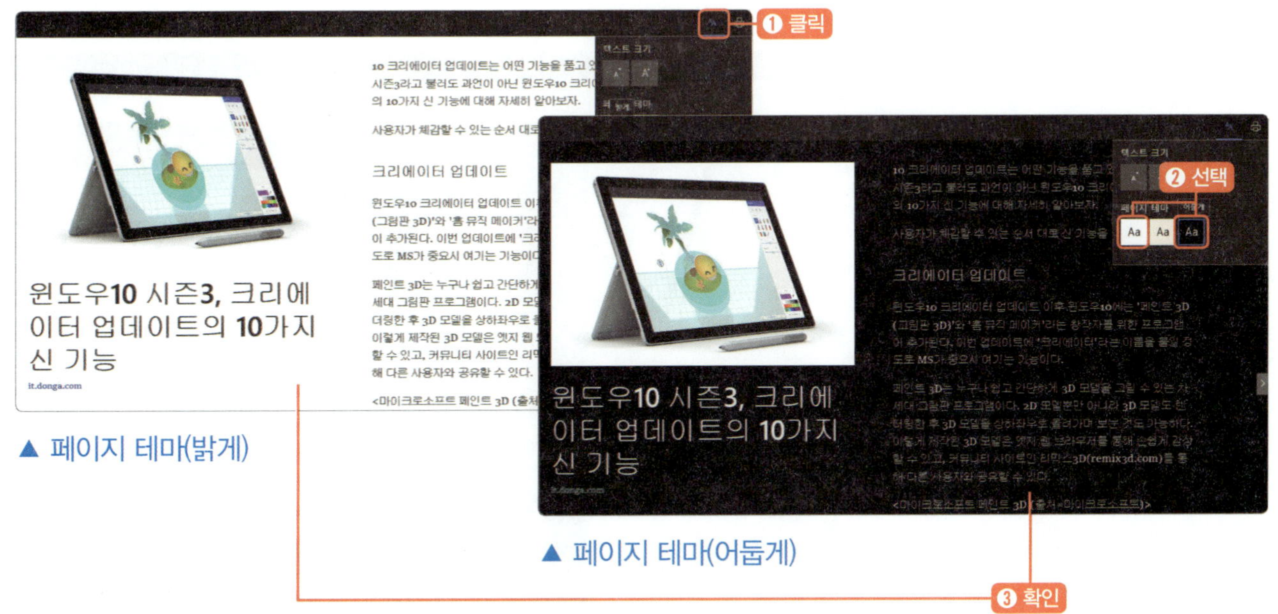

▲ 페이지 테마(밝게)

▲ 페이지 테마(어둡게)

❺ 옵션 메뉴에서 [텍스트 크기]의 **축소( )**를 클릭하여 화면에 보이는 글자들을 축소한 후 다시 **확대( )** 클릭하여 화면에 보이는 글자들을 확대합니다.

※ Ctrl + − 키를 누르면 화면이 '축소'되고, Ctrl + + 키를 누르면 화면이 '확대'됩니다.

2 읽기용 보기 페이지를 프린터로 출력해 봅시다

❶ [읽기용 보기] 상태에서 화면을 클릭한 후 오른쪽 위에 있는 [**인쇄( )**]를 선택합니다.

❷ [인쇄] 창이 나오면 페이지 '이동 단추(〈 〉)'를 클릭하여 인쇄 내용을 미리 확인한 후 〈인쇄〉를 클릭합니다.

뚝딱 1 [Microsoft Edge]에 홈 단추(⌂)를 활성화시켜 봅시다.

📁 불러올 파일 : 없음   💾 완성된 파일 : 없음

① [Microsoft Edge]는 인터넷 익스플로러와는 다르게 기본적으로 홈 단추가 없기 때문에 별도로 활성화시켜야 합니다.

② 홈 단추를 활성화하기 위해는 [설정(···)]–[설정]–[고급 설정 보기]를 클릭합니다.

③ 고급 설정 메뉴에서 '홈 단추 표시' 항목을 **켬**으로 설정합니다.

④ 홈 단추를 눌렀을 때 어디로 이동할 것인지를 설정합니다.

– 시작 페이지 : [Microsoft Edge]의 기본 시작 화면으로 이동

– 새 탭 페이지 : 새 탭으로 이동

– 특정 페이지 : 특정 페이지로 지정된 사이트로 이동

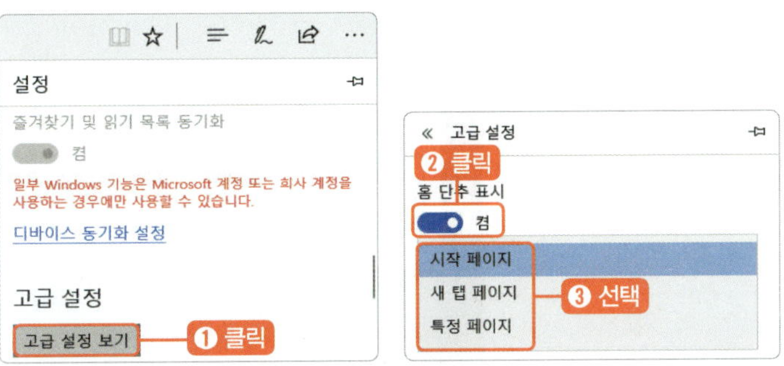

⑤ 홈 단추(⌂)가 [Microsoft Edge]에 활성화되면 해당 단추를 클릭하여 지정된 페이지로 이동되는 것을 확인합니다.

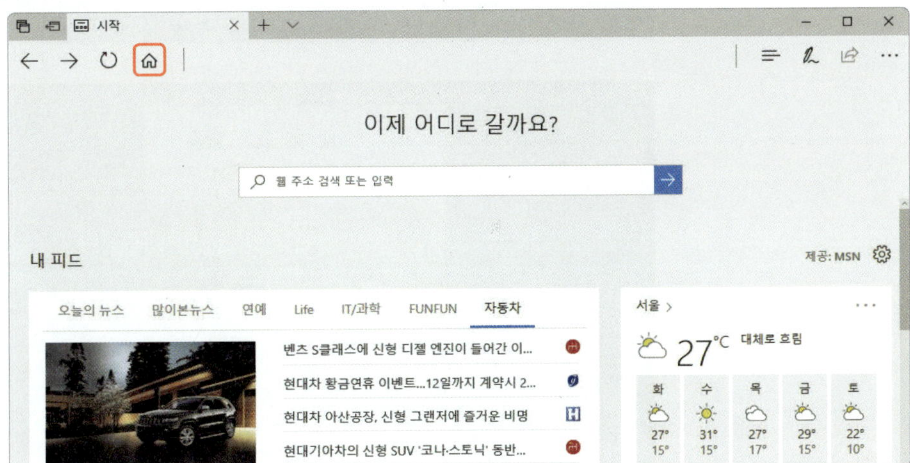

새 데스크톱을 만들어 인터넷 탐험하기

완성 작품 **미리보기**

📁 불러올 파일 : 없음　📗 완성된 파일 : 없음

▶ [한컴 타자연습] 앱으로 '짧은글연습'을 연습합니다.

▶ 여러 개의 데스크톱(가상 데스크톱)을 만들어 별도의 환경에서 작업을 해 봅시다.

▶ 2개의 데스크톱을 만들어서 인터넷을 탐험해 봅시다.

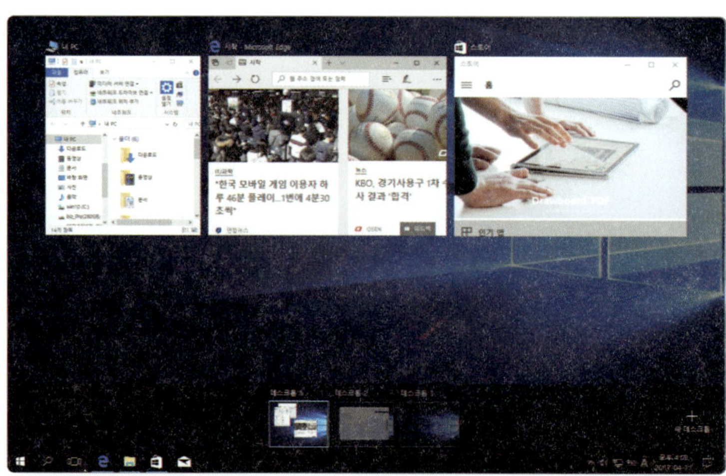

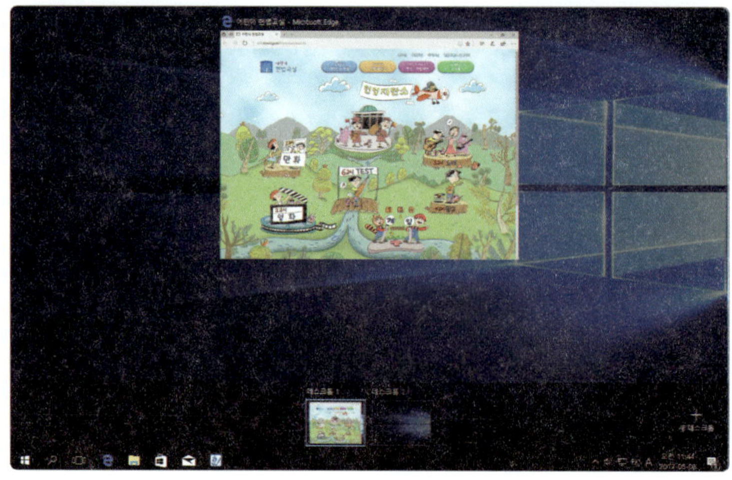

01 [한컴 타자연습] 앱을 실행한 후 [**짧은글연습**]을 연습합니다.

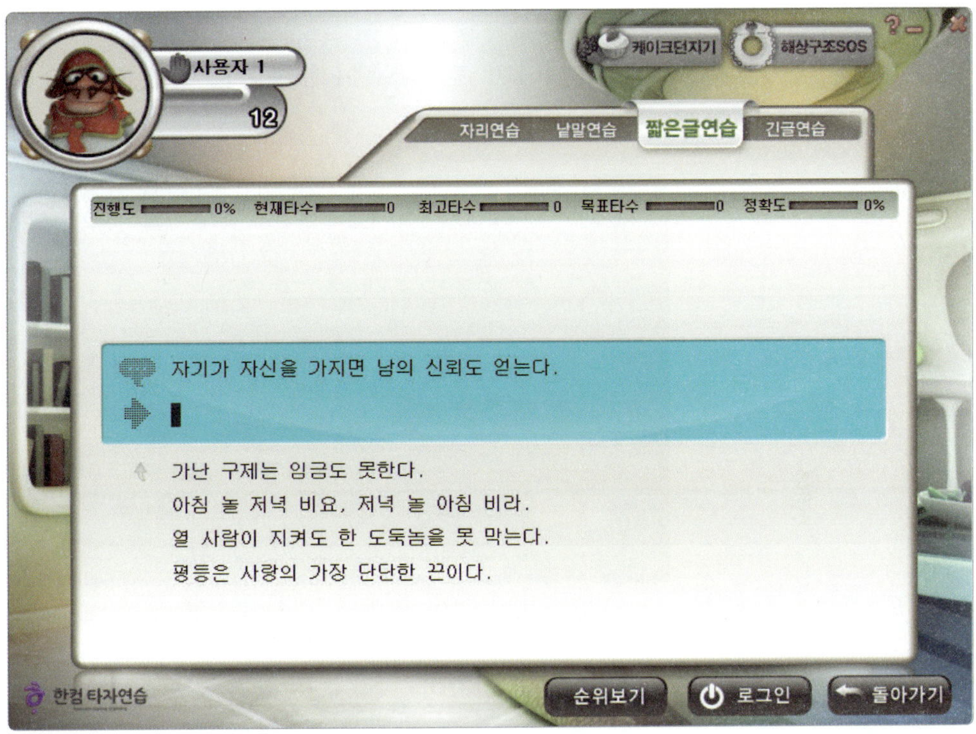

02 [한컴 타자연습] 앱을 실행한 후 [**케이크던지기**]−[**개수대**]를 연습합니다.

여러 개의 데스크톱(가상 데스크톱)을 만들어 별도의 환경에서 작업을 해 봅시다.

❶ [시작] 메뉴에서 3~4개의 앱을 실행한 후 작업 표시줄에서 **작업 보기(▭)**를 클릭합니다.

❷ 작업 보기로 화면이 전환되면 오른쪽 아래에 있는 **새 데스크톱(＋ 새 데스크톱)**을 클릭하여 새로운 데스크톱을 활성화시킵니다.

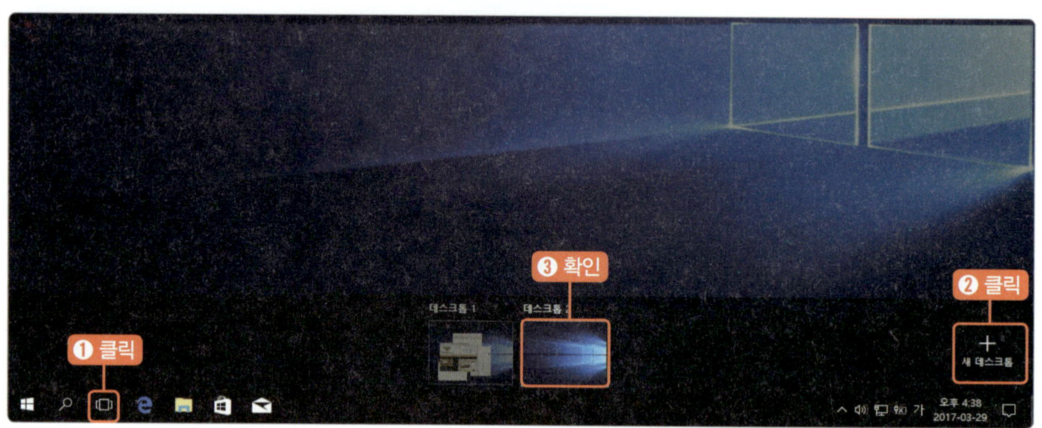

Tip

작업 보기(▭)로 앱 전환하기

여러 개의 앱을 실행한 상태에서 '작업 보기(▭)'를 클릭합니다. 작업 보기로 화면이 전환되어 현재 실행 중인 앱들이 화면에 모두 표시되면 작업을 전환하고자 하는 앱을 클릭합니다.

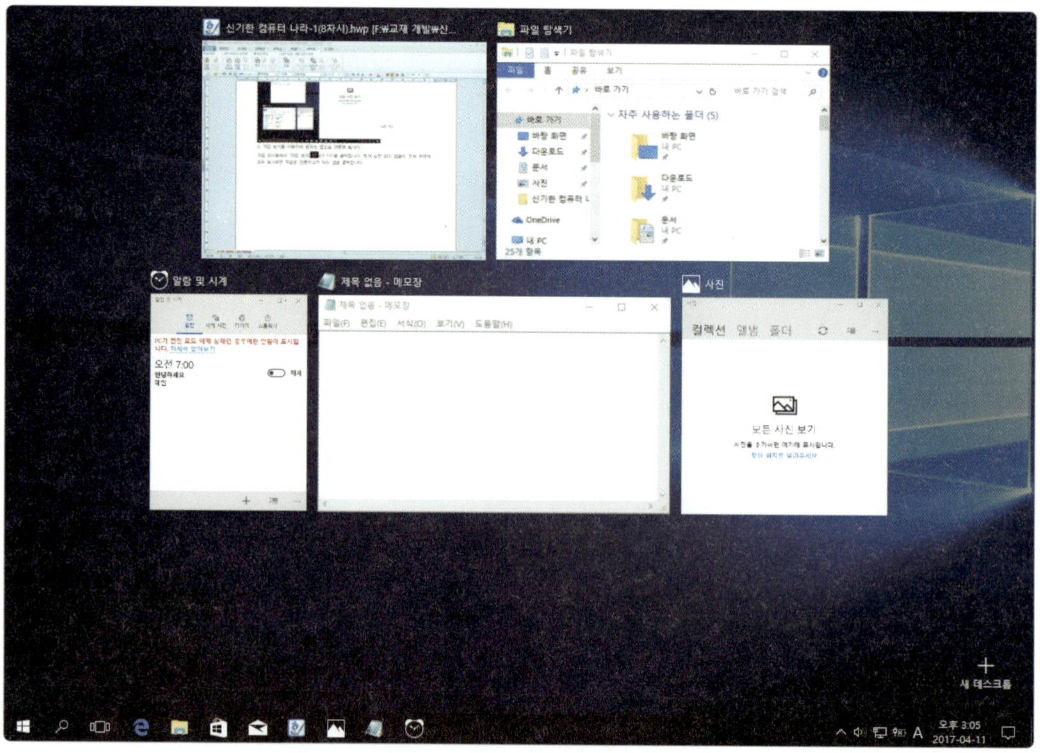

❸ '데스크톱 2'가 추가되면 해당 '데스크톱 2'를 클릭한 후 [시작] 메뉴에서 3~4개의 앱을 실행합니다. '데스크톱2'에 앱들이 실행되면 작업 표시줄에서 '작업 보기(▣)'를 클릭합니다.

※ '데스크톱 1'은 원래(기본) 있던 데스크톱이고 '데스크톱2'는 새롭게 만들어진 가상의 데스크톱입니다.

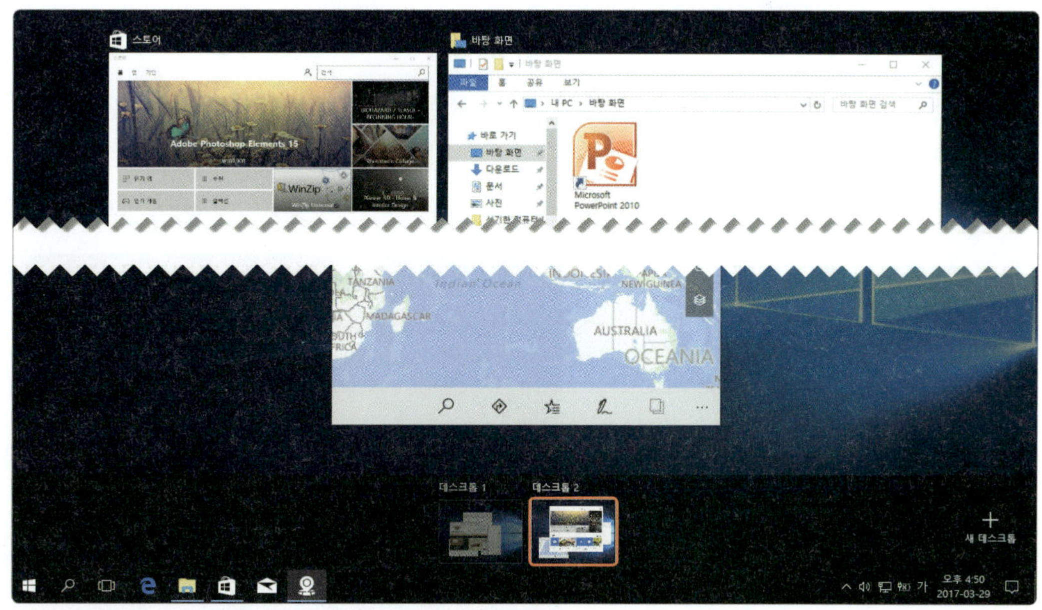

> ## Tip
> ### 데스크톱을 빠르게 이동하기
>
> 현재 실행 중인 2개의 데스크톱을 이용하면 컴퓨터 2대를 사용하는 것처럼 각각의 다른 환경에서 필요한 작업을 할 수 있습니다. 여러 개의 데스크톱을 이용하여 작업할 경우 **Ctrl**+윈도우 키(⊞)를 누른 상태에서 **좌우 방향키**(← / →)를 누르면 빠르게 데스크톱을 이동할 수 있습니다.

❹ 작업 보기 상태에서 '데스크톱 2'의 닫기(✕)를 클릭하면 해당 데스크톱이 종료되면서 '데스크톱 2'에서 실행 중이었던 앱들이 '데스크톱1'로 합쳐집니다.

❶ '작업 보기( )'를 클릭한 후 새 데스크톱( )을 추가합니다.

❷ 첫 번째 데스크톱에는 **어린이 헌법교실(kids.ccourt.go.kr)** 홈 페이지에 접속하여 헌법에 대한 내용을 확인합니다.

※ '어린이 헌법교실' 웹 사이트는 [Microsoft Edge]에서 100%로 지원되지 않는 것들도 있으니 참고하시기 바랍니다.

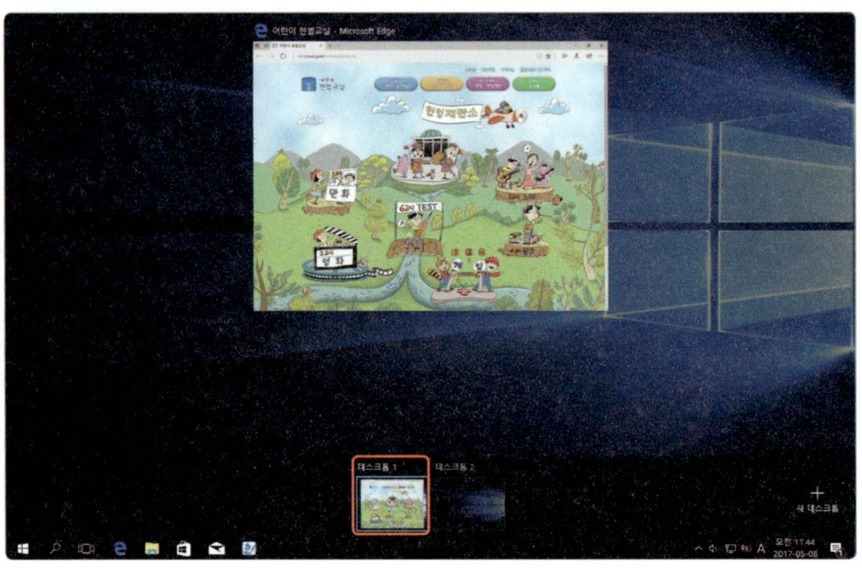

❸ 두 번째 데스크톱에는 **문화재청(www.cha.go.kr)** 홈 페이지에 접속합니다.

❹ 상단 메뉴에서 **어린이 · 청소년 문화재청**을 클릭한 후 문화재에 대한 다양한 정보를 확인합니다.

※ Ctrl +윈도우 키( )+방향키(← / →)키를 눌러 '데스크톱1'과 '데스크톱2'를 빠르게 이동하여 인터넷 정보를 확인합니다.

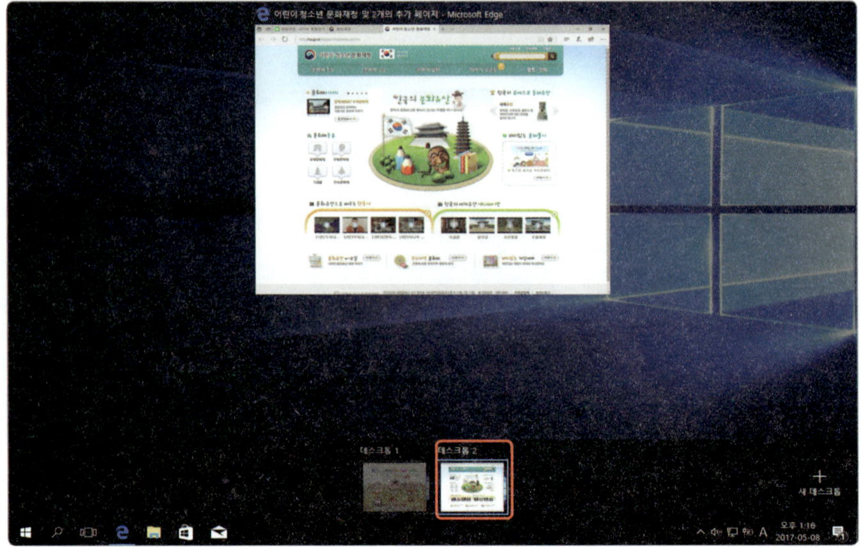

CHAPTER 21

혼자서 **뚝딱 뚝딱!**

뚝딱 1

어린이 헌법교실 웹 사이트를 [Microsoft Edge]가 아닌 인터넷 익스플로러에서 실행하여 정보를 확인해 봅시다.

📂 불러올 파일 : 없음　💾 완성된 파일 : 없음

① 현재 열려 있는 어린이 헌법교실 웹 사이트에서 [**설정(…)**]을 클릭한 후 [Internet Explorer에서 **열기**]를 클릭합니다.

② 어린이 헌법교실 웹 사이트가 [Internet Explorer]에서 열리면 **만화**를 클릭하여 만화 내용을 확인합니다.

※ 현재까지는 [Microsoft Edge]에서 '만화보기'가 지원되지 않습니다. 만약 업데이트로 인하여 만화보기가 지원되더라도 [Internet Explorer]를 이용하는 방법이 있는 다는 것을 알아두시기 바랍니다.

뚝딱 2

어린이 경찰청 웹 사이트를 [Microsoft Edge]가 아닌 인터넷 익스플로러에서 실행하여 정보를 확인해 봅시다.

📂 불러올 파일 : 없음　💾 완성된 파일 : 없음

① 어린이 경찰청 웹 사이트(www.police.go.kr/kid/main.do)에 접속합니다.

② 아래 같은 '웹 기술 관련 메시지'가 나오면 〈Internet Explorer에서 열기〉를 클릭하여 '어린이 경찰청' 정보를 확인합니다.

※ 업데이트로 인하여 이전 웹 기술 메시지가 나오지 않으면 [**설정(…)**]을 클릭하여 [Internet Explorer에서 열기]를 클릭합니다.

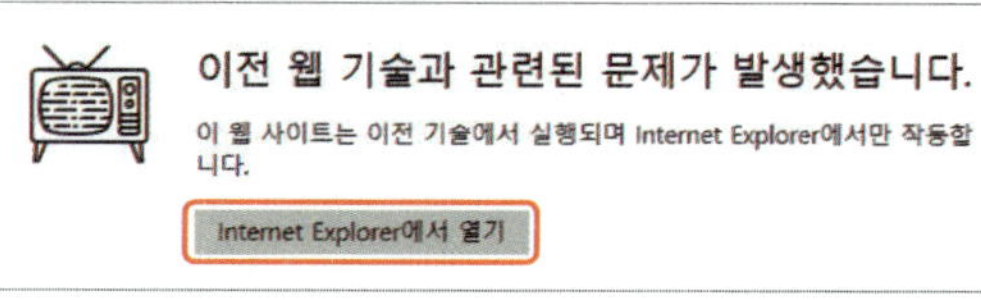

CHAPTER 22

웹 사이트에 필요한 내용을 메모하고 저장하기

완성 작품 미리보기

📂 불러올 파일 : 없음　　🖼 완성된 파일 : 없음

▶ [한컴 타자연습] 앱으로 '짧은글연습'을 연습합니다.

▶ 웹 사이트에 '볼펜'과 '형광펜'을 이용하여 메모를 작성해 봅시다.

▶ 메모가 표시된 웹 페이지를 저장하고 인쇄해 봅시다.

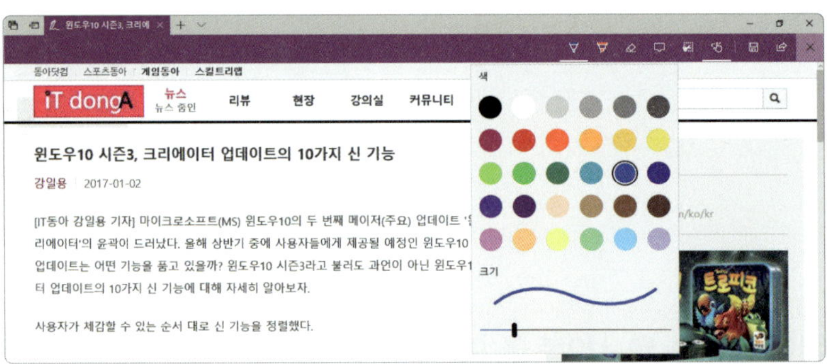

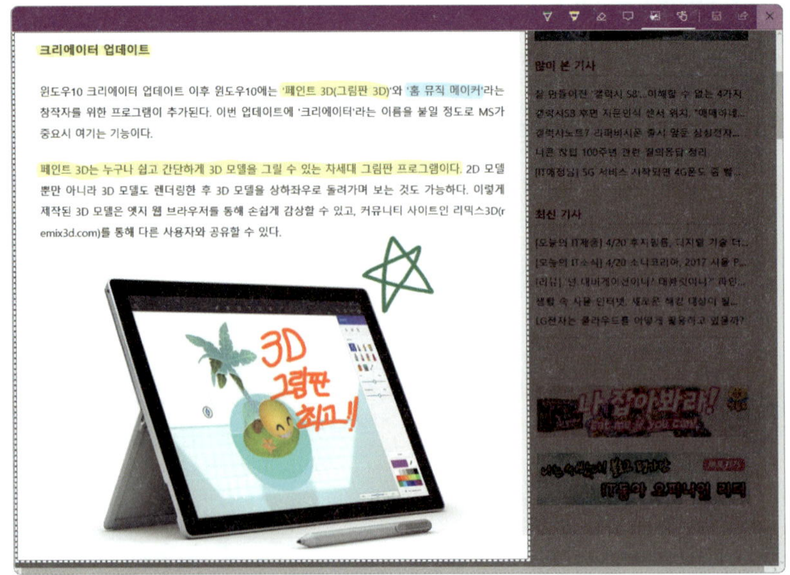

01 [한컴 타자연습] 앱을 실행한 후 [**짧은글연습**]을 연습합니다.

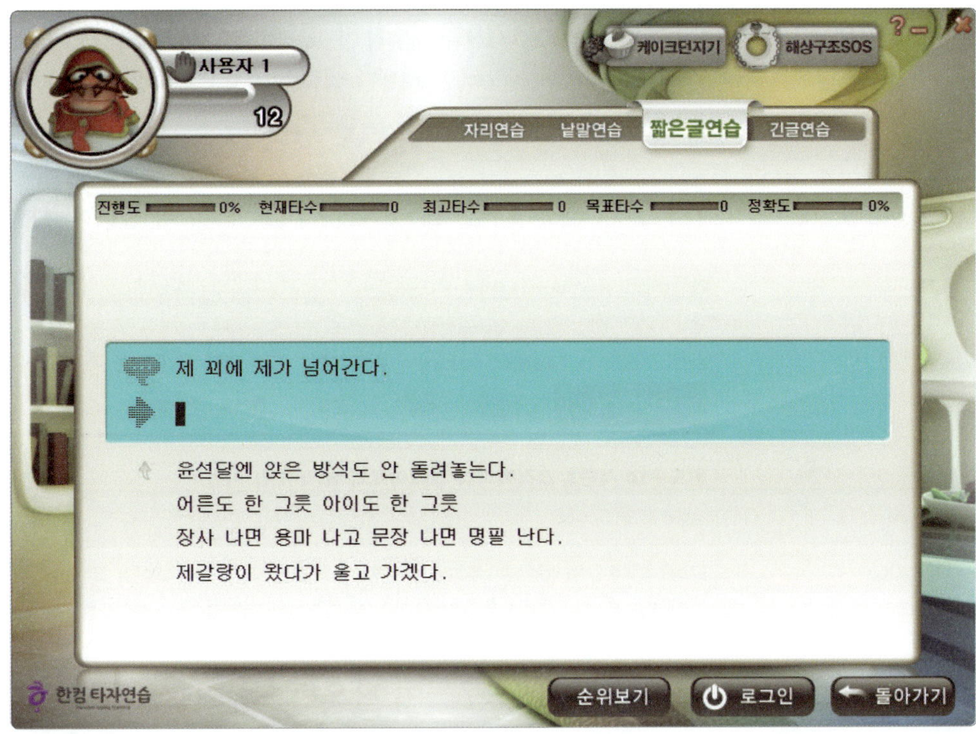

02 [한컴 타자연습] 앱을 실행한 후 [**해상구조SOS**]−[**뉴욕**]을 연습합니다.

1 웹 사이트에 '볼펜'과 '형광펜'을 이용하여 메모를 작성해 봅시다.

❶ [시작] 메뉴 또는 [작업 표시줄]을 이용하여 [Microsoft Edge]를 실행합니다. '주소 및 검색 입력' 칸에 **it.donga.com/25719**를 입력한 후 **Enter** 키를 누릅니다.

※ 맨 앞에 'www' 입력 없이 'it.donga.com/25719'만 입력합니다. 만약 해당 웹 페이지가 열리지 않을 경우에는 'it.donga. com'으로 접속하여 원하는 뉴스 내용을 클릭한 후 따라합니다.

❷ 해당 웹 페이지가 열리면 오른쪽 위에 있는 [웹 메모 작성(✎)]을 클릭합니다.

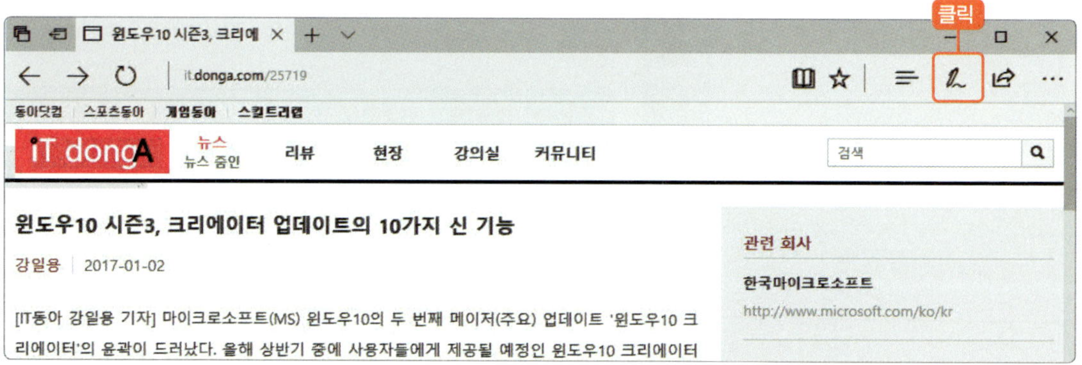

❸ 화면 위쪽에 메모에 필요한 도구들이 나오면 [볼펜(▽)]을 클릭한 후 다시 한 번 클릭합니다. '색'과 '크기'를 선택할 수 있는 메뉴가 나오면 원하는 **색과 크기**를 지정합니다.

※ 볼펜, 형광펜 등이 기본적으로 선택되어 있는 상태에서는 한 번만 클릭해도 '색과 크기'를 선택할 수 있는 메뉴가 나옵니다.

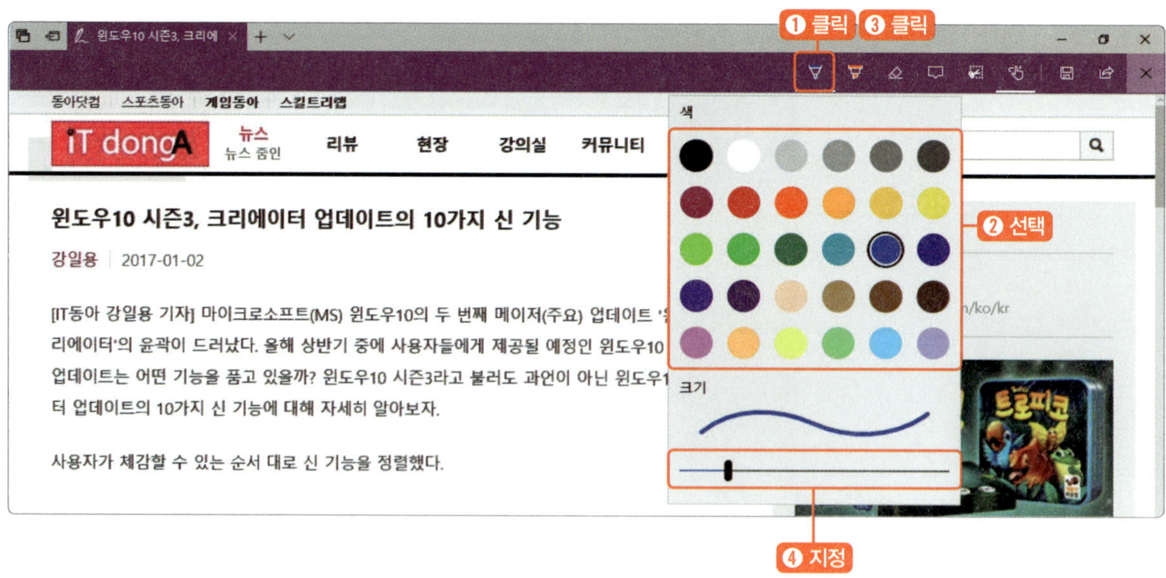

④ 색을 바꿔가면서 마우스 왼쪽 버튼을 누른 채 중요한 부분을 볼펜으로 그립니다.

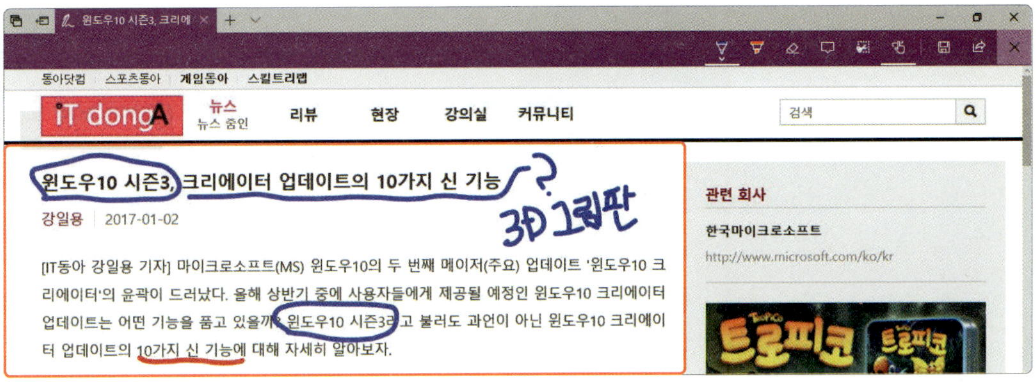

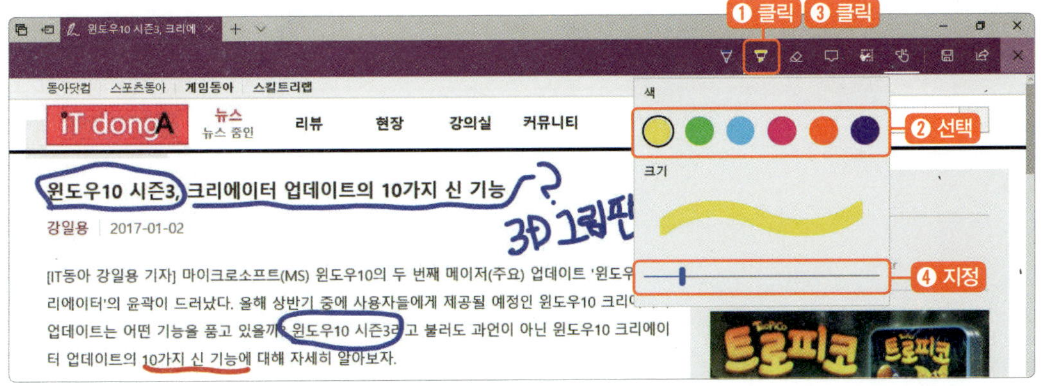

Tip

지우개(✎)

❶ 지우개는 '볼 펜 및 형광펜' 등을 이용하여 메모, 선, 그림 등을 그리다가 잘 못 그렸을 경우 특정 부분만 삭제하거나 전체 모든 부분을 삭제할 수 있습니다.

❷ 지우개를 클릭한 후 마우스 왼쪽 버튼을 누른 채 삭제할 부분을 드래그하면 해당 부분만 삭제됩니다.

❸ 지우개를 클릭한 후 다시 한 번 클릭하면 모든 메모를 한 번에 삭제할 수 있는 [모든 잉크 지우기]가 나옵니다.

▲ 원본    ▲ 5, 6만 삭제 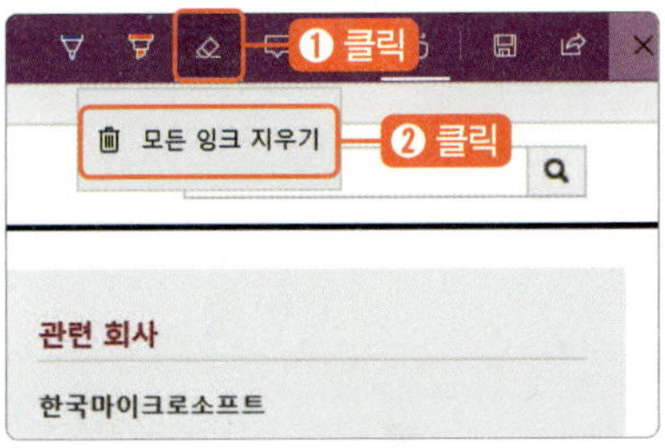   ▲ 전체 삭제

---

⑤ 메모 도구 중에서 [형광펜(▽)]을 클릭한 후 다시 한 번 클릭합니다. '색'과 '크기'를 선택할 수 있는 메뉴가 나오면 원하는 **색과 크기**를 지정합니다.

❻ 스크롤바를 아래쪽으로 내린 후 마우스 왼쪽 버튼을 누른 채 색을 바꿔가면서 중요한 부분을 형광펜으로 표시합니다.

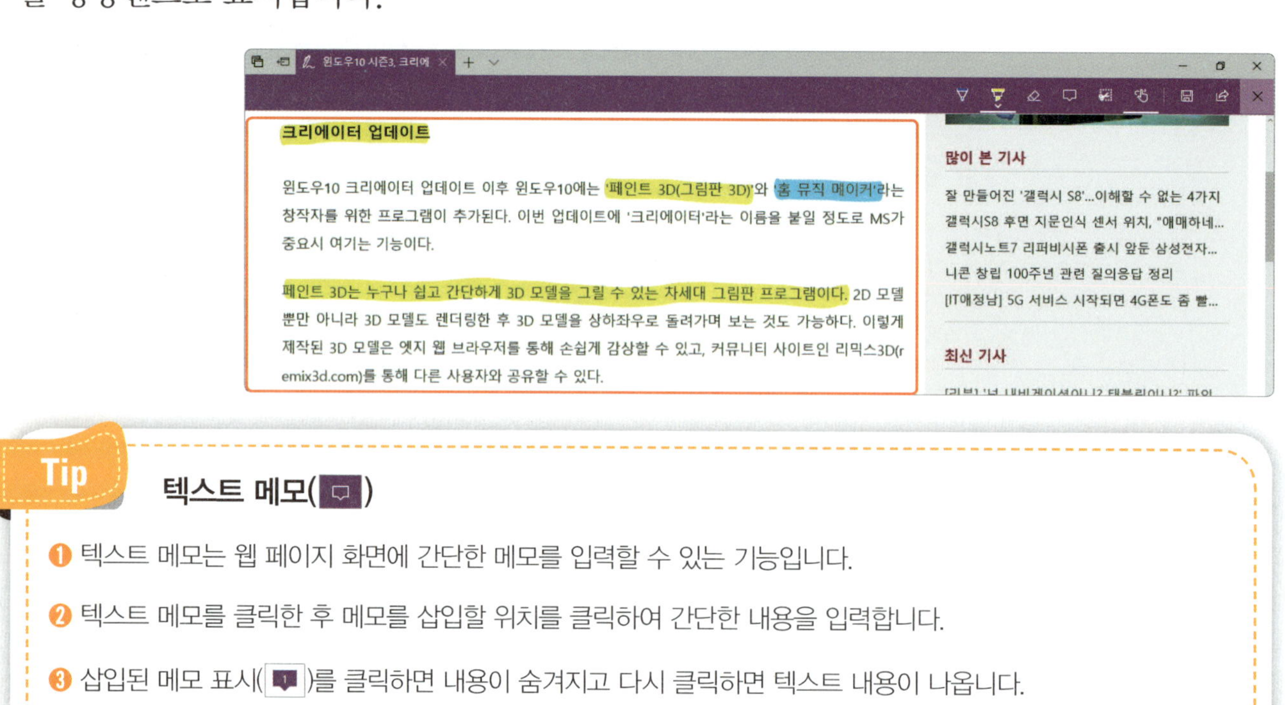

텍스트 메모( )

❶ 텍스트 메모는 웹 페이지 화면에 간단한 메모를 입력할 수 있는 기능입니다.

❷ 텍스트 메모를 클릭한 후 메모를 삽입할 위치를 클릭하여 간단한 내용을 입력합니다.

❸ 삽입된 메모 표시( )를 클릭하면 내용이 숨겨지고 다시 클릭하면 텍스트 내용이 나옵니다.

❹ 삭제( )를 클릭하면 삽입된 메모를 삭제할 수 있습니다.

❶ 메모 도구 중에서 [잘라내기( )]을 클릭합니다. 현재 화면이 어둡게 바뀌면서 '영역을 끌어서 복사'라는 메시지가 나오면 마우스 왼쪽 버튼을 누른 채 **원하는 크기만큼 드래그하여** 선택합니다.

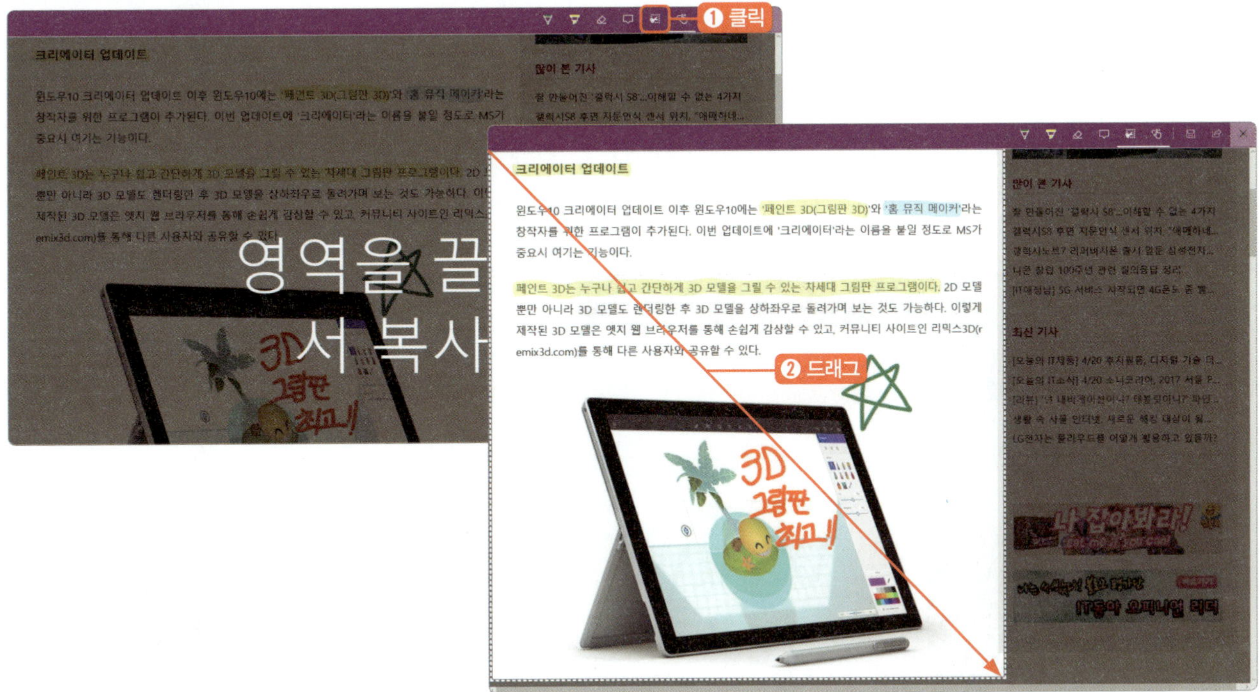

❷ 메모 도구 중에서 [웹 메모 저장( )]을 클릭한 후 [읽기 목록( )]을 선택합니다. 이어서, 이름을 입력한 후 〈저장〉을 클릭합니다.

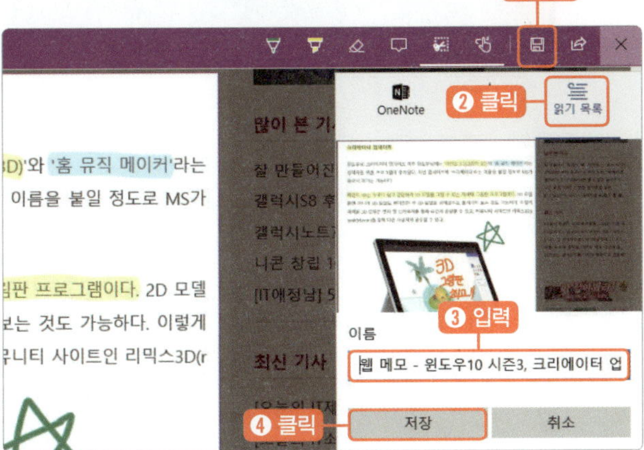

❸ 끝내기 단추(✕)를 클릭하여 웹 메모 작성 상태를 빠져나옵니다. 이어서 [허브(≡)]-
[읽기 목록(≣)]을 클릭하여 ❷번에서 저장한 목록을 선택합니다.

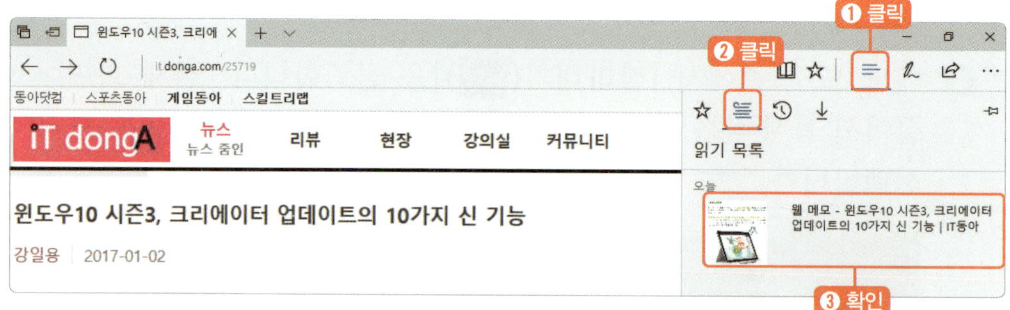

❹ 웹 메모가 작성된 페이지가 나오면 [설정(⋯)]을 클릭한 후 [인쇄]를 선택하여 해당 페이지
내용을 프린터로 인쇄 합니다.

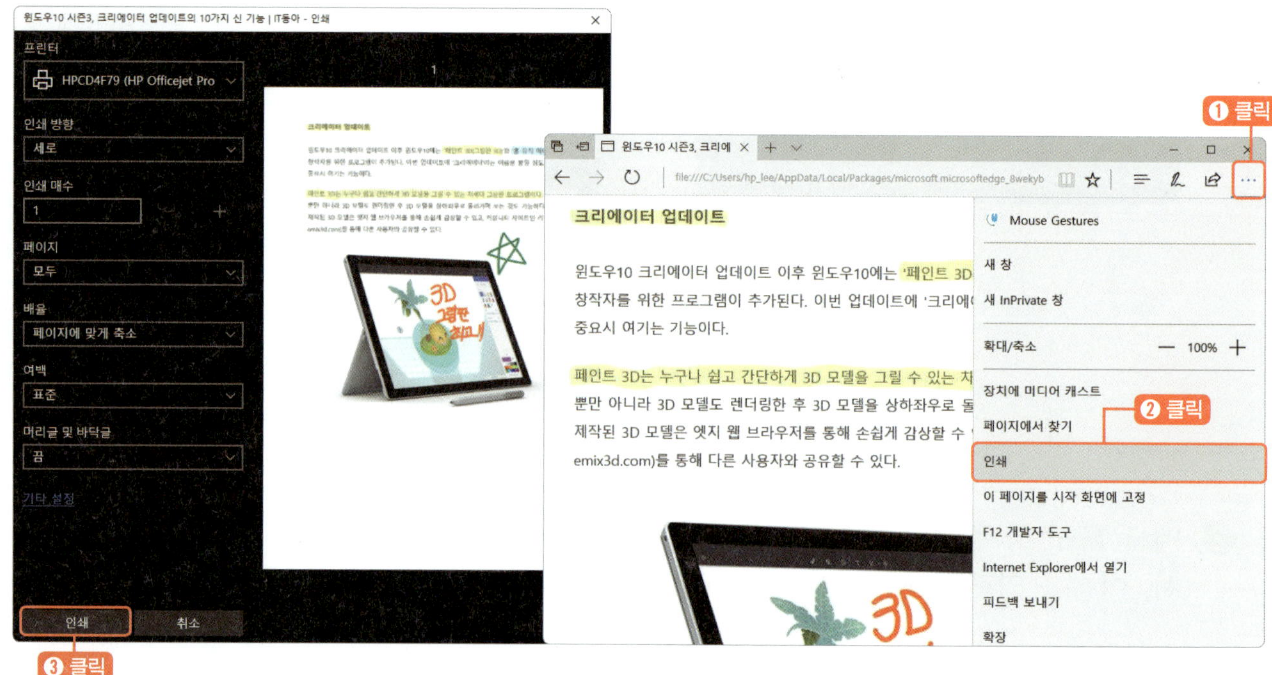

뚝딱 1 엔트리 사이트를 시작 화면에 고정시켜 봅시다.

📁 불러올 파일 : 없음　💾 완성된 파일 : 없음

① [Microsoft Edge]를 실행하여 [허브(≡)]−[즐겨찾기(☆)]를 클릭합니다.

② 즐겨찾기 목록이 나오면 '엔트리'를 클릭하여 해당 사이트로 이동합니다.

※ 즐겨찾기 목록에 '엔트리'가 없을 경우 '주소 입력 및 검색 입력' 칸에 playentry.org를 입력합니다.

③ 해당 사이트로 이동되면 [설정(⋯)]−[이 페이지를 시작화면에 고정]을 클릭합니다. 시작 메뉴
에 고정하는 확인 메시지가 나오면 〈예〉를 클릭합니다.

④ [시작] 단추(⊞)를 클릭하여 타일에 추가된 '엔트리'를 확인한 후 타일 앱을 클릭해서 엔트리
사이트가 활성화되는지 확인합니다.

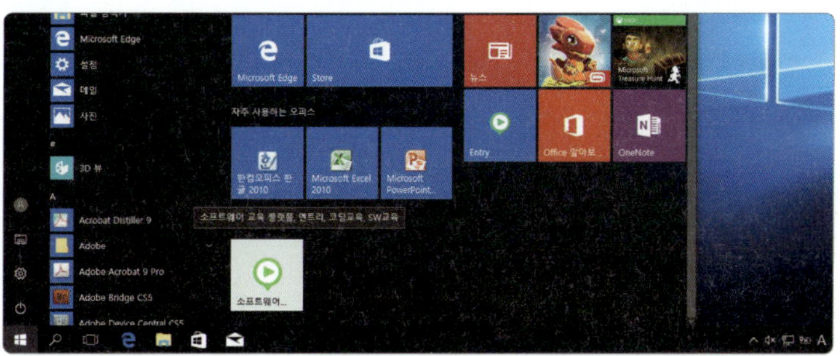

뚝딱 2 방문했던 웹 사이트 기록을 확인한 후 삭제해 봅시다.

📁 불러올 파일 : 없음　💾 완성된 파일 : 없음

① [Microsoft Edge]를 실행하여 [허브(≡)]−[기록(↺)]을 클릭합니다.

② 검색 기록 목록이 나오면 원하는 '날짜'나 '시간대'를 선택하여 확인합니다.

③ 검색 기록 목록 확인이 끝나면 〈모든 기록 지우기〉를 클릭합니다. [검색 데이터 지우기]로 화면
이 전환되면 〈지우기〉를 클릭하여 **모든 인터넷 기록을 삭제**합니다.

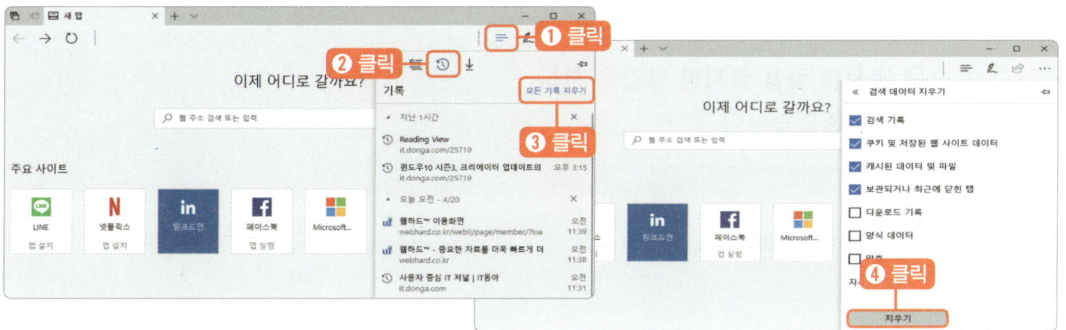

CHAPTER 23

타자 동화 만들기 (잭과 콩나무)

완성 작품 미리보기

📂 불러올 파일 : 잭과 콩나무1~8   💾 완성된 파일 : 잭과 콩나무1~8(완성)

▶ 그림판으로 '잭과 콩나무 동화'를 만들어 봅시다.

▶ [사진] 앱으로 완성된 '잭과 콩나무 동화'를 확인해 봅시다.

잭과 콩나무-1
가난한 마을에 잭과 어머니 단 둘이 살았습니다. 어머니가 병에 걸려 잭은 열심히 일을 했지만 약값 조차도 많이 힘들었습니다.

 **그림판으로 잭과 콩나무 동화를 만들어 봅시다.**

❶ [시작] 단추(▣)를 클릭한 후 [Windows 보조프로그램]–[그림판]을 클릭합니다.

❷ [그림판] 앱이 실행되면 [파일]–[열기]를 클릭합니다.

❸ [열기] 창이 나오면 [소스 파일]–[불러올 파일]–[잭과 콩나무] 폴더에서 **잭과 콩나무1**을
선택한 후 〈열기〉를 클릭합니다.

❶ [파일 탐색기(▣)]를 실행하여 [소스 파일]–[불러올 파일]–[잭과 콩나무] 폴더를 더블클릭합니다.

❷ [잭과 콩나무] 폴더가 열리면 '잭과 콩나무1' 파일 위에서 마우스 오른쪽 버튼을 눌러 [연결 프로그램]–[그림판]을
클릭합니다.

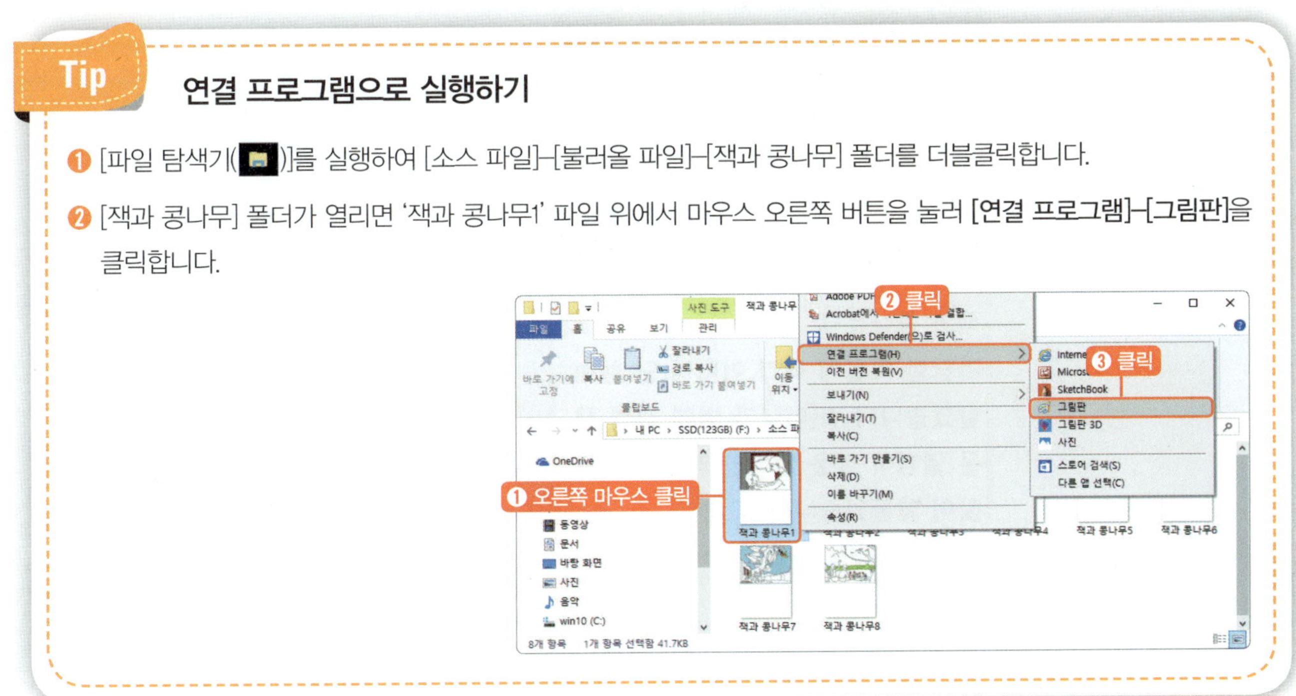

❹ '잭과 콩나무1' 이미지 파일이 열리면 아래 이미지를 참고하여 [홈] 탭의 [도구] 그룹에서
색 채우기(⬧ **)** 도구로 흰 색 부분의 색을 칠합니다.

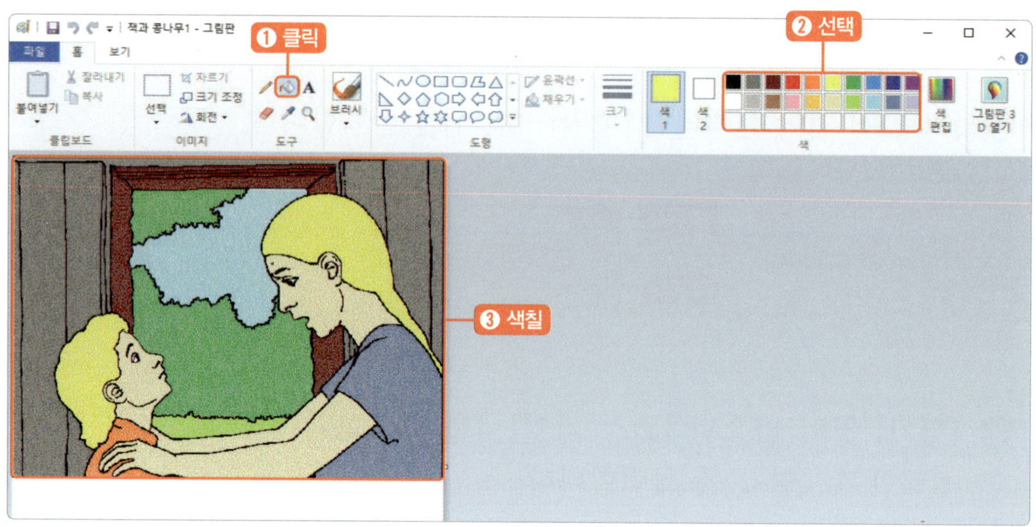

❺ 색 채우기가 끝나면 [홈] 탭의 [도구] 그룹에서 **텍스트(** A **)** 도구로 그림 아래쪽에 텍스트
상자를 만들어서 동화 내용을 입력합니다.

※ 글꼴 속성은 '글꼴 : 맑은 고딕, 글꼴 크기 : 22, 굵게, 색상 : 검정'으로 지정하여 입력합니다.

❻ 모든 작업이 끝나면 [파일]−[다른 이름으로 저장]을 클릭하여 '잭과 콩나무1 완성'으로 저장합니다.

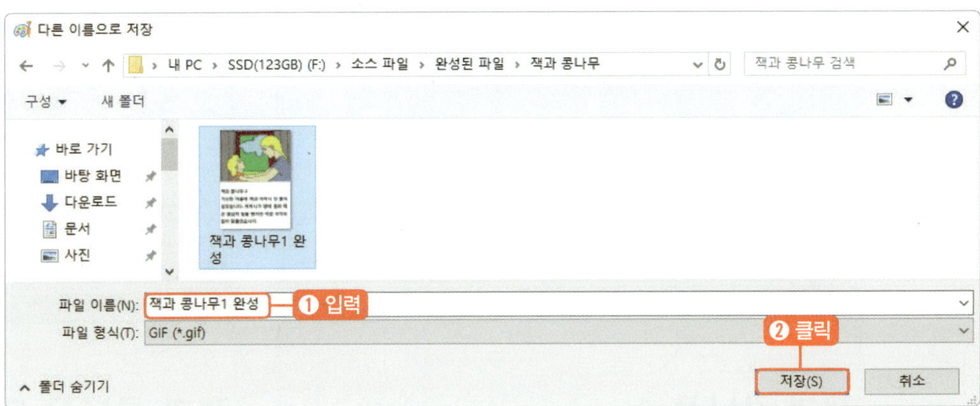

❼ [파일]−[열기]를 클릭합니다. [열기] 창이 나오면 [소스 파일]−[불러올 파일]−[잭과 콩나무]폴더에서 '잭과 콩나무2~잭과 콩나무8' 파일들을 불러와 똑같은 방법으로 동화를 완성시킵니다.

※ '색 채우기(　)' 및 '텍스트(　A　)' 입력은 교재의 완성된 이미지를 참고하여 작업합니다.

▲ 잭과 콩나무2

▲ 잭과 콩나무3

잭과 콩나무-4

소를 콩과 바꿨다는 얘기에 어머니는 콩을 창밖으로 던져 버렸습니다. 다음날 콩나무는 하늘로 이어져 있었고 잭은 콩나무로 올라갔습니다.

▲ 잭과 콩나무4

잭과 콩나무-5

그 곳에는 무서운 거인이 사는 집이 있었습니다. 잭은 몰래 집으로 들어와 거인에게 들키지 않도록 숨어 있었습니다.

▲ 잭과 콩나무5

잭과 콩나무-6

잭은 거인이 잠들 때까지 기다린 후 황금알을 낳는 거위를 몰래 가지고 나왔습니다. 순간 잠에서 깬 거인은 잭을 잡기 위해 뒤쫓아 다녔습니다.

▲ 잭과 콩나무6

잭과 콩나무-7

잭은 거인을 피해 콩나무 아래로 내려왔습니다. 하지만 거인도 함께 내려오는 것을 본 잭은 도끼로 줄기를 베어 거인을 떨어뜨렸습니다.

▲ 잭과 콩나무7

▲ 잭과 콩나무8

2 **[사진] 앱으로 완성된 잭과 콩나무 동화를 확인해 봅시다.**

❶ 작업 표시줄에서 [파일 탐색기] 아이콘(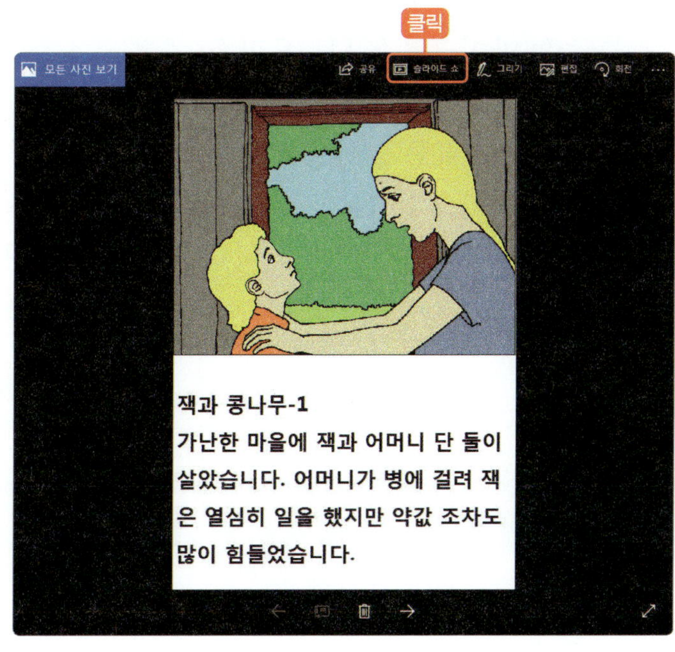)을 클릭합니다. [파일 탐색기]가 실행되면 잭과 콩나무가 완성된 폴더에서 **잭과 콩나무1 완성**을 더블클릭하여 실행합니다.

❷ [사진] 앱이 실행되면 [슬라이드 쇼]를 클릭하여 동화 내용을 확인합니다.

※ 만약 해당 이미지가 [사진] 앱으로 열리지 않을 경우에는 '잭과 콩나무1 완성' 이미지 위에서 마우스 오른쪽 버튼을 눌러 [연결 프로그램]−[사진]을 클릭하여 확인합니다.

※ '23 챕터'는 타자 동화를 만들기 위한 작업 과정이 많아서 '혼자서 뚝딱 뚝딱!' 내용을 넣지 못하였습니다.

CHAPTER 24

단원종합평가

01 바탕화면 배경 지정 중에서 여러 장의 사진을 일정한 시간에 맞추어 바꿔가면서 배경 화면으로 보여주는 것은 무엇인가요?

① 사진　　　　　② 단색　　　　　③ 슬라이드 쇼　　　　④ 혼합

02 잠금 화면을 오른쪽 이미지처럼 변경한 후 확인해 보세요.

▶ [소스 파일]–[불러올 파일]–[24 단원종합평가] 폴더에서 '잠금화면' 파일을 불러옴

▶ 윈도우 키(■)+ L 키를 눌러 잠금 화면을 확인

03 바탕 화면에 기본적으로 나타나는 '휴지통' 아이콘을 보이지 않도록 설정해 봅시다.

04 다음 중 웹 브라우저에 속하지 않는 것은 무엇인가요?

① 마이크로소프트 엣지　　　　　② 인터넷 익스플로러

③ 마이크로소프트 오피스　　　　④ 구글 크롬

05 구글 크롬을 실행하여 'Custom Cursor for Chrome' 앱을 추가시켜 보세요.

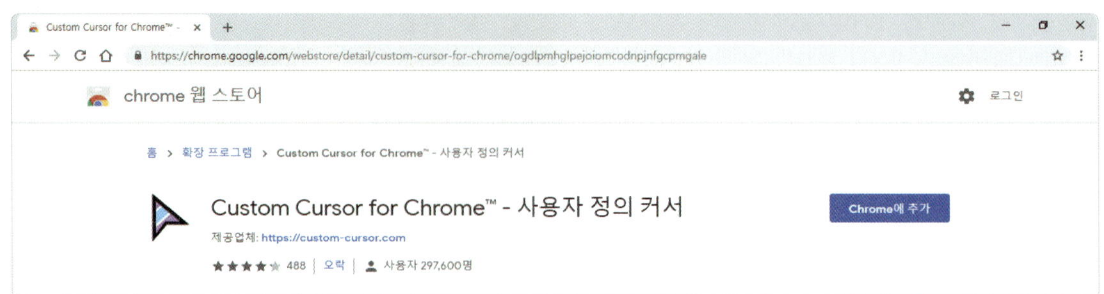

06 특정 웹 페이지를 '읽기용 보기'로 전환하여 내용을 확인하고자 할 때 어떤 도구를 선택해야 하나요?.

① ✎   ② ↪   ③ ▥   ④ +

07 '작업 보기(▢)'를 클릭한 후 여러 개의 가상 작업 환경을 만들기 위해서는 어떤 도구를 선택해야 하나요?

① 새 컴퓨터   ② 새 바탕화면
③ 새 작업 보기   ④ 새 데스크톱

08 [설정(⋯)]–[설정]–[고급 설정 보기]에서 변경할 수 있는 항목은 무엇인가요?

① 테마 선택   ② 즐겨찾기 모음 표시
③ 홈 단추 표시   ④ 새 창 열기

09 쥬니어네이버 홈 페이지에 접속하여 [사파리] 웹 페이지로 이동한 후 '웹 메모 작성(✎)'도구를 이용하여 메모를 입력합니다.

▶ 메모 입력이 끝나면 읽기 목록에 웹 메모를 저장

▶ [허브(☰)]–[읽기 목록(☰)]을 클릭하여 저장된 메모를 확인

※ 사파리에서 '어류마을'을 선택한 후 재미있는 메모를 입력합니다.

10 [그림판] 앱을 실행하여 이미지를 완성시킨 후 바탕화면 배경으로 지정해 보세요.

▶ [소스 파일]–[불러올 파일]–[24 단원종합평가] 폴더에서 '바탕화면' 파일을 불러옴

▶ 선택(▢) 도구를 이용하여 작업('선택'을 클릭한 후 '선택 도형'을 변경하여 작업)

※ 복사 후 8개의 조절점 중 대각선 조절점을 드래그하면 크기를 조절할 수 있습니다.

▶ 작업에 필요한 세부 설정은 아래 이미지를 참고하여 작업

▶ 바탕화면 배경 지정 : [파일]–[바탕 화면 배경으로 설정]–[채우기] 클릭

▶ [바탕 화면 보기] 단추(▎)를 클릭하여 변경된 배경 화면 확인

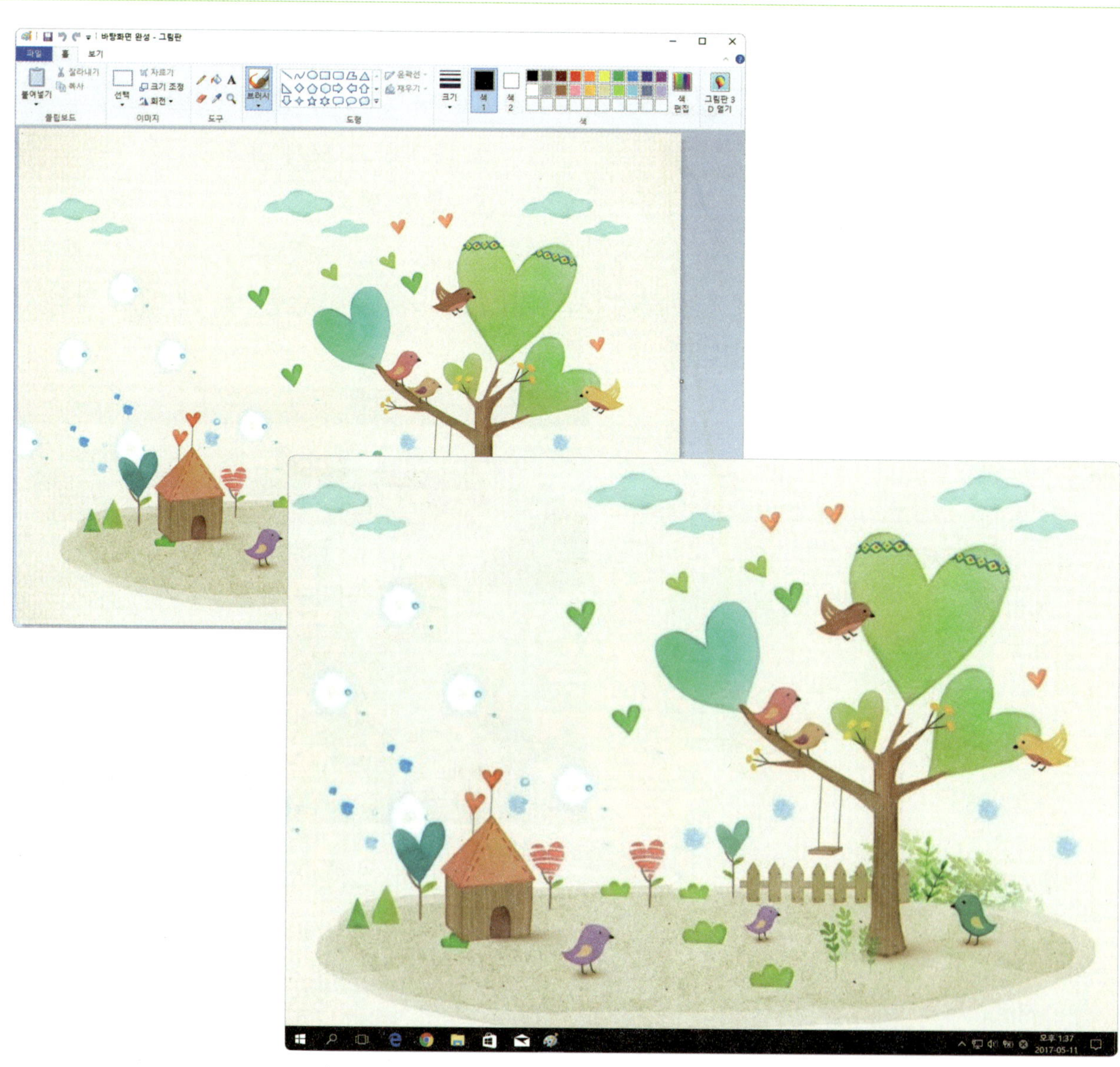